新

「レピュテーショナル」
管理論

SNS時代の情報の加速化・拡散に

有限責任監査法人トーマ

森　滋彦【執筆者

SHIGEHIKO MORI

中央経済社

はじめに

　「レピュテーショナル・リスク管理」は，古くて新しいリスクだ。言わば，情報テクノロジーの発達に応じてリスクの「質」が時代とともに変化し続けるものともいえる。

　「古い」という意味では，バーゼルⅡがオペレーショナル・リスクを管理対象にした時から認識されてきたリスクカテゴリーで，20年以上前の2003年2月にバーゼル銀行監督委員会（以下「バーゼル委」という）が公表した「オペレーショナル・リスクの管理と監督に関するサウンド・プラクティス」では，バーゼル委が定義するオペレーショナル・リスクには，戦略リスクとレピュテーショナル・リスクは含めない，として，定義から除外するリスクカテゴリーとして認識されている。

　これは，2019年12月のバーゼル委の「監督上の審査プロセス─リスク管理編－（SRP30）」でも位置づけは変わらず，レピュテーショナル・リスクは戦略リスクとともにオペレーショナル・リスクには含まれていない。ただし，世界金融危機（いわゆるリーマンショック）の教訓を経て，ステップイン・リスク（金融ストレス時に銀行が，シャドーバンク等の事業体に対して契約上の義務を超えて財政上支援するリスク）等も勘案し，レピュテーショナル・リスクの影響を可能な限り正確に測定する必要があるとしている。さらには，定期的なストレステストにレピュテーショナル・リスクのシナリオを含めることを推奨して，ICAAP（Internal Capital Adequacy Assessment Process, 自己資本充実度評価）の枠組みで評価することを求めている。

　しかしながら，一般的なレピュテーショナル・リスクの認識は，バーゼル委のこうした証券化に伴うステップイン・リスク等とは異なる。典型例は，SNS（Social Networking Service）での噂話の広がりで短期に破綻に至ったSVB（シリコンバレーバンク）の例だ。SVBは，シリコンバレーにあるスタートアップ企業やベンチャーキャピタルとの取引で急成長した銀行で資産規模としては全

米16位の中堅銀行だ。仮想通貨取引所FTXの破綻を契機に，SVBの投融資先が破綻するに至り，一部の著名ベンチャー投資家がスタートアップ企業に預金引き出しを呼び掛けたため，これに呼応したスタートアップ企業の預金引き出しが加速し，呼びかけからわずか2日でSVBは破綻した。ネット時代の新たな取り付け騒ぎといえ，ネットが媒体となり，情報の拡散が急速に，かつ，無方向に拡大し，これがマーケットに実際に影響していく実例といえる。SVBのケースでは，シリコンバレーは「ムラ」社会のように，スタートアップ企業間で濃密に情報を共有する習慣があったことも破綻の背景にあるといわれている。いずれにせよ，このスピードの速さと噂が噂を呼ぶSNSの連鎖的な機能は注目すべきで，どの金融機関にも起こり得る可能性がある。

　これがレピュテーショナル・リスクの新たな側面だ。情報社会や金融テクノロジーの進展，情報ネットワークの拡大と情報速度の加速化，匿名による情報拡散に加えて，世界的な過剰流動性がゆえのスケープゴート探しなども影響し，レピュテーショナル・リスクが具体的な財務インパクトとして顕在化するリスクが着実に高まってきている。特に，金融機関は，保有する資産のうち短期の流動性に対応できる資産が少ないため，従前から取り付け騒ぎ等で資金繰り破綻するリスクがあったように，こうした噂話等による突然の信用不安に弱い側面があった。それが最近のテクノロジーの進化で情報伝達の速度も範囲も広がり，一層の留意が必要となってきている。

　さらに，ステークホルダー資本主義概念の浸透とともに，従来は預金者や利用者のレピュテーションに重きが置かれていたものが，NGOやネットユーザーなど幅広くステークホルダーの関心に金融機関が配慮する必要が生じてきていることもレピュテーショナル・リスクの新たな側面の1つだ。

　当局の規制目線が必ずしもレピュテーショナル・リスクの新たな側面を捉えておらず，また，SVBのようにレピュテーショナル・リスクの顕在化と相まって経営破綻とつながるケースもみられるなか，レピュテーショナル・リスクを管理する必要性は足許確実に高まっている。しかし，残念ながら，最近の動向を踏まえたレピュテーショナル・リスク管理に関する書籍は豊富ではない。そ

こで，レピュテーショナル・リスク管理の高度化の一助になるものとして，金融機関の営業担当・マーケットフロント関係者，リスク管理関係者，経営層等実務者に参考になるように，本書を出版することとした。さらに本書では，リスク管理面のみに焦点を当てるのではなく，レピュテーションのポジティブな側面（ブランドイメージ等）にも焦点を当てて，ブランド戦略などにも広げ，ブランドと企業価値の向上というテーマにも取り組むこととした。その意味で，IRや広報，マーケティング部署にも参考になることを願っている。

　本書の構成を示すと以下のようになる。

●第1章「レピュテーショナル・リスクが注目を集めている背景」（担当：森）
　第1章では，レピュテーショナル・リスクの概念を整理した後，本書で取り扱うレピュテーショナル・リスクの対象範囲について明確にする。その際，レピュテーションのポジティブな側面であるブランド価値等にも考察を加える。その後，主にバーゼル委での議論を中心に，規制の観点からレピュテーショナル・リスクがどのように扱われてきたかを考察したうえで，最近になってレピュテーショナル・リスク管理の必要性が高まってきた背景につき，SVB（シリコンバレーバンク）の事例等を取り上げる。

●第2章「レピュテーショナル・リスク管理の新たな管理枠組み」（担当：熊谷，中村）
　第2章では，実際に組織内で定義し管理する際の考慮点を検討する。一般的なリスク管理枠組みにおける位置づけ，対象となる具体的なステークホルダー，レピュテーショナル・リスク管理のための体制等について検討する。

●第3章「予兆管理・管理手法」（担当：森，熊谷，富澤）
　第3章では，レピュテーショナル・リスク管理の実務に係る管理手法について解説していく。定量化が困難といわれているレピュテーショナル・リスクについて，いかに潜在的な影響の大きさを把握し，リスクが顕在化する前の段階

におけるモニタリングが可能か予兆管理の手法も含めて，選択肢を探る。

●第4章「モニタリング・エスカレーション」（担当：熊谷）
　第4章では，リスクガバナンスの重要な要素であるモニタリングとエスカレーションについて，論点と対応の考え方を整理していく。管理対象の範囲や情報集約の枠組みを検討したうえで，複合リスクであるレピュテーショナル・リスクの特性を踏まえた対応策の検討を行う。

●第5章「アペタイトへの反映」（担当：森）
　第5章では，第3章で検討したレピュテーショナル・リスクの定量的な指標やKPI・KRIをどのようにして組織全体へ浸透していくかという観点からアペタイトへの反映について検討する。

●第6章「進化，拡大するレピュテーショナル・リスク」（担当：高坂）
　第6章では，第1章で整理した過去のレピュテーショナル・リスクの範囲に加えて，昨今の様々な変化を踏まえて進化，拡大しているレピュテーショナル・リスクの範囲について検討する。具体的には「サードパーティ」「サステナビリティ」「コーポレート・ブランド」の側面からレピュテーショナル・リスクについて論じる。

●第7章「ケーススタディ」（担当：富澤）
　第7章では，レピュテーショナル・リスクについて実際の金融機関の事例を取り上げながら，その管理方法やレピュテーション向上のための戦略について検討する。SVB（シリコンバレーバンク），ウェルズ・ファーゴ，ソシエテ・ジェネラル，シティ，RBS（NatWest Group）の5つの事例を取り扱う。

●第8章「レピュテーションとブランドの価値及び企業価値経営における実践
　実務」（担当：永井）

　第8章では，リスクから視点を変えて，レピュテーション管理が企業価値に
いかに貢献するか，いわばポジティブな側面を検討する。レピュテーションと
いうコンセプトの対象領域，各種の主要な外部評価指標の設計を確認した後，
企業価値創出プロセス理論におけるレピュテーション管理の位置づけを議論す
る。実証研究の試みや実例の参照を通じてレピュテーション管理の巧拙が企業
価値増減の仕組みにおいてどのように作用し得るのか理解する。さらに，レ
ピュテーション管理を経営管理の具体的なオペレーションに落としていったと
きにどのような管理体制や検討が必要なのか，また，望ましいアウトプットと
は何なのかについて検討する。

　本書は有限責任監査法人トーマツのリスクアドバイザリー部門において現場
で活躍している新進気鋭の専門家が現状や最近の議論を踏まえて執筆したもの
で，必ず読者の実務に役立つものと確信している。
　なお，本書で多用した略語の正式名称をまとめて掲載した。読者の参考にな
れば幸甚である。

　2023年7月

森　滋彦

■略語一覧

AI：Artificial Intelligence
AMA：Advanced Measurement Approaches
APRA：The Australian Prudential Regulation Authority
AQR：Asset Quality Review
BCBS：Basel Committee on Banking Supervision
BCP/BCM：Business Continuity Plan / Management
BOE：Bank of England
CCO：Chief Compliance Officer
CEO：Chief Executive Officer
CFO：Chief Financial Officer
COVID-19：CoronaVirus Disease 2019
COO：Chief Operating Officer
CRO：Chief Risk Officer
CSuO：Chief Sustainability officer
CSA：Control Self Assessment (R CSA：Risk Control Self Assessment)
ECB：European Central Bank
ESG：Environment, Social, Governance
FCA：(UK) Financial Conduct Authority
FDIC：(U.S.) Federal Deposit Insurance Corporation
FRB：(U.S.) Federal Reserve Board
FRC：(UK) Financial Reporting Council
FSA：(UK) Financial Services Authority
FSB：Financial Stability Board
GAFA：Google, Amazon, Facebook, Apple
GHOS：Governors and Heads of Supervision
G-SIFS：Global Systematically Important Financial Institutions
ICT：Information and Communication Technology
IOSCO：International Organization of Securities Commissions
IoT：Internet of Things
KPI：Key Performance Indicator
KRI：Key Risk Indicator
LCR：Liquidity Coverage Ratio

LIBOR：London Inter Bank Offered Rate

NDA：Non-Disclosure Agreement

NSFR：Net Stable Funding Ratio

ORWG：Operational Risk Working Group

PBR：Price Book-value Ratio

PDCA：Plan, Do, Check, Act

PER：Price Earnings Ratio

PoC：Proof of Concept

PRA：Prudential Regulation Authority

RAF：Risk Appetite Framework

RA：Risk Appetite

RAS：Risk Appetite Statement

RAROA：Risk Adjusted Return on Asset

RAROC：Risk Adjusted Return on Capital

RCSA：Risk Control Self-Assessment

ROI：Return on Investment

ROIC：Return on Invested Capital

RRP：Recovery and Resolution Plan

RWA：Risk-Weighted Asset

SCM：Supply Chain Management

SDGs：Sustainable Development Goals

SEC：(U.S.) Securities and Exchange Commission

SLA：Service Level Agreement

SMA：Standardised Measurement Approach

SSG：Senior Supervisors Group

TLAC：Total Loss Absorbing Capacity

VaR：Value at Risk

WEF：World Economic Forum

目　　次

はじめに　*i*

略語一覧　*vi*

 レピュテーショナル・リスクが注目を集めている背景

1 レピュテーショナル・リスクとは何か ———— *3*

1　対象範囲 ··· *3*

2　ブランドとコーポレート・レピュテーション ·············· *4*

2 これまでのバーゼル委の議論の経緯 ———— *8*

1　バーゼルⅡでの議論 ······································· *8*

2　世界金融危機（いわゆるリーマンショック）時の問題 ········· *9*

3　ステップイン・リスクとの関係 ························· *10*

4　足許の規制関係対応 ······································ *13*

3 最近になって管理の必要性が高まってきた背景 ———— *14*

1　レピュテーションによる巨額の損失事例 ················ *14*

2　ステークホルダーとの関係 ····························· *16*

3　匿名性，情報流通速度 ································· *18*

◆　コラム1　正直者はバカを見ない？／*20*

◆　コラム2　BCP対応の「レジェンド」／*21*

レピュテーショナル・リスク管理の新たな管理枠組み

1 定義とリスク管理上の位置づけ ————— 25

1 リスク管理枠組みからのレピュテーショナル・リスクの位置づけ …… 25

2 拡大する管理範囲 ……………………………………… 26

3 従前のリスク管理対象範囲からの連鎖 ……………… 27

4 従前のリスク管理の対象外からの発生 ……………… 28

5 レピュテーショナル・リスクの特徴 ………………… 29

2 配慮すべきステークホルダー ————— 30

1 ステークホルダーの拡大 ……………………………… 30

2 具体的なステークホルダーの区分 …………………… 31

◆ コラム3 ランサムウェア対応マニュアル／32

◆ コラム4 実は要注意！ サイレントクレーマー／33

3 ガバナンス・管理体制 ————— 34

1 管理体制 ………………………………………………… 34

2 経営層の役割 …………………………………………… 36

3 3線管理における役割 ………………………………… 36

(1) 1線における役割 36

(2) 2線における役割 37

(3) 3線における役割 39

(4) 国内外子会社，外部委託先 39

◆ コラム5 うわべだけの環境対応にご用心／40

予兆管理・管理手法

1 管理手法・予兆管理の概要 ——————————————— *45*

　1　定性的管理と定量的管理 ………………………………………… *45*

　2　レピュテーションの特徴と既存の管理手法の課題 …………… *45*

　3　今後の管理手法の方向性 ………………………………………… *47*

2 予兆管理　他外部事象の活用 ——————————————— *48*

　1　外部事象の収集 …………………………………………………… *48*

　2　コントロールの確認 ……………………………………………… *49*

　3　意義と課題 ………………………………………………………… *50*

3 テキストマイニング ——————————————————— *51*

　1　手法 ………………………………………………………………… *51*

　2　活用方法 …………………………………………………………… *53*

　3　意義と課題 ………………………………………………………… *53*

4 レピュテーショナル・リスク　VaR ——————————— *54*

　1　手法 ………………………………………………………………… *55*

　2　活用方法 …………………………………………………………… *58*

　3　意義と課題 ………………………………………………………… *58*

5 KPI（KRI）の設定 ——————————————————— *59*

　1　結果指標 …………………………………………………………… *59*

　2　先行指標 …………………………………………………………… *61*

3　意義と課題 ……………………………………………………………… 62

◆　コラム6　全くのデマでも油断ならない！？／63

6　レピュテーション評価機関 ――――――――――― 64

1　企業ランキング ………………………………………………………… 64

(1)　好感度を調査したランキング　64

(2)　オリジナルの指標により企業を評価するランキング　65

(3)　週刊誌によるランキング　65

2　レピュテーション評価指標の研究とRep Trak ……………………… 66

(1)　レピュテーション評価指標の研究　66

(2)　Rep Trak　68

(3)　Global Rep Trak 100　70

(4)　ステークホルダー資本主義とレピュテーションドライバー　70

3　ソーシャルメディアを活用した予兆管理 …………………………… 73

(1)　口コミサイトのレビュー　74

(2)　電子掲示板　74

(3)　ブログ　75

(4)　就職・転職サイト　75

(5)　電子ニュース　76

(6)　SNS　76

◆　コラム7　シンガポールのプライド／77

モニタリング・エスカレーション

1 カバーすべき範囲 —————————————— *81*

2 ガバナンス体制 —————————————— *82*

3 経営報告 —————————————————— *84*

4 対応策の検討 ——————————————— *85*

◆　コラム8　モバイルメッセンジャーアプリ運営会社の個人情報問題／*86*

アペタイトへの反映

1 非財務項目とアペタイト ——————————— *89*

2 アペタイトによる管理 ———————————— *91*

3 3線防衛とアペタイト ———————————— *95*

4 具体的なアペタイトのイメージ ———————————— *98*

◆　コラム9　芸能人のイメージと企業のイメージ／*100*

第6章 進化，拡大するレピュテーショナル・リスク

1 サードパーティまで考慮した
レピュテーショナル・リスク ———————————— *103*

1　サードパーティとは ·· *103*

2　サードパーティリスクとは ·· *104*

3　サードパーティリスクとレピュテーションの関係 ·············· *105*

⑴　自動車会社ディーラーのケース　*105*

⑵　新興携帯電話会社のケース　*106*

4　サードパーティリスクの管理手法　*107*

2 サステナビリティに関連した
レピュテーショナル・リスク ———————————— *113*

1　サステナビリティとは ··· *113*

2　サステナビリティに関する取組み ······························· *114*

3　サステナビリティとレピュテーションとの関係 ················ *120*

3 ブランド名毀損等とレピュテーショナル・リスク —— *121*

1　ブランドとは ·· *121*

2　コーポレート・ブランドの毀損 ·································· *122*

3　プロダクト・ブランドの毀損 ···································· *123*

◆　コラム10　ツナマヨおにぎり事件／*125*

第7章　ケーススタディ

1 SVB（シリコンバレーバンク）————— *129*

1　背景 *129*

2　特徴 *129*

3　教訓 *130*

2 ウェルズ・ファーゴ ————————————— *131*

1　背景 *131*

2　特徴 *132*

3　教訓 *132*

3 ソシエテ・ジェネラル ———————————— *134*

1　背景 *134*

2　特徴 *135*

3　教訓 *135*

4 シティ ————————————————————— *137*

1　背景 *137*

2　特徴 *138*

3　教訓 *139*

5 RBS（NatWest Group）————————— *141*

1　背景 *141*

2　特徴 *142*

3　教訓 ……………………………………………………………… *142*

◆　コラム11　米ゲーム会社／*148*

第8章　レピュテーションとブランドの価値及び企業価値経営における実践実務

1　レピュテーション価値とブランド価値 ——————————— *153*

1　レピュテーションとブランド価値の定義 ……………………… *153*

2　レピュテーション価値とブランド価値の定量化の試み ……… *154*

(1)　ブランド価値の定量化　*154*

(2)　レピュテーション価値の定量化　*157*

3　企業価値とレピュテーション・ブランドの関係 ……………… *160*

(1)　企業価値と非財務資本　*160*

(2)　非財務価値におけるレピュテーションとブランドの位置づけ　*162*

(3)　企業価値とレピュテーション・ブランドの関係に
関する先行研究　*164*

(4)　レピュテーション毀損事例の参照　*166*

2　企業価値経営推進のための
レピュテーション価値の経営管理 ——————————— *168*

1　レピュテーション価値の経営管理に向けて …………………… *168*

(1)　レピュテーション経営管理に必要な３つの機能の有機的な連携　*168*

(2)　レピュテーション理解〜経営戦略への組込み時に生じる課題　*170*

(3)　経営管理対象たるレピュテーション項目評価のための定量/定性
分析技術　*172*

(4)　経営管理対象たるレピュテーション項目体系化　*175*

⑸　戦略的レピュテーション管理のための分析技術の限界と必要な
　　社内議論　*177*

おわりに　*179*
参考文献　*182*

第 1 章

レピュテーショナル・リスク が注目を集めている背景

第1章では，まず，レピュテーショナル・リスクの概念を整理した後，本書で取り扱うレピュテーショナル・リスクの対象範囲について検討する。その際に，レピュテーションのリスクの側面だけではなく，レピュテーションのポジティブな側面であるブランドやコーポレート・レピュテーションについても考察を加える。その後，主にバーゼル委での議論を中心に，規制の観点からレピュテーショナル・リスクがどのように扱われてきたかを考察する。そのうえで，最近になってレピュテーショナル・リスク管理の必要性が高まってきた背景につき，SVBの事例やステークホルダー資本主義との関係，SNSによる情報拡散などについて検討する。

1 レピュテーショナル・リスクとは何か

1 対象範囲

　まずは，レピュテーショナル・リスクとは何か。一般的な定義では，「レピュテーショナル・リスクとは企業の評判に関わるリスク全般をいう。情報の重要性が増した現代では，不測の事態，事件によって企業の評価を低下させる風評が流れる可能性が常にある。そのような風評は顧客離れなど企業経営にマイナスの影響を与えたり，株価を急落させるリスクを持っている。特に大企業ではレピュテーショナル・リスクは命取りになりかねず，常時から，これに対するマニュアルを設けるなどしているところが多い」（ASCIIデジタル用語辞典）となっている。企業の評判に関わるリスク全般なので，「評判」の内容次第だが，評判は，「世間で取りざたすること。世評，うわさ。」と定義されるので，いかなる内容も含まれるということになる。リスク管理上はいかなる内容も含むリスクは，管理が難しい。

　これに対して，バーゼル委の定義は，「レピュテーショナル・リスクとは，顧客，取引相手，株主，投資家，債務者，市場アナリスト，その他の関係者や規制当局の否定的な認識から生じるリスクであり，銀行の既存の維持能力，または新たなビジネス上の関係や資金源への継続的なアクセス（例えば銀行間市場や証券化市場を通じて）に悪影響を及ぼす可能性がある。レピュテーショナル・リスクは多元的であり，他の市場参加者の認識を反映する。さらに，レピュテーショナル・リスクは組織全体に存在しており，レピュテーショナル・リスクへのエクスポージャーは本質的に，銀行の内部リスク管理プロセスの妥当性と，銀行関連取引への外部からの影響に対する経営陣の対応方法と効率性と関係が深い」となっている。金融機関のレピュテーショナル・リスクということもあり，顧客，取引相手など，いわゆるステークホルダーを明示して，誰の認識に基づくリスクかを明確にしているうえ，銀行間市場や証券化市場など

の例をあげながら影響経路も明示するなど，やはり，一般的な定義よりも踏み
込んだものとなっており，金融機関としてどのようなリスクと考えるか明確だ。
　本書では金融機関実務者向けのレピュテーショナル・リスク管理という観点
からバーゼル委の定義に基づいた範囲を取り扱うこととしたい。

2　ブランドとコーポレート・レピュテーション

　一方で，「レピュテーション」という言葉に注目すると，レピュテーショナ
ル・リスクとは異なり，レピュテーションのポジティブな側面でブランドイ
メージ等無形資産としての「レピュテーションの価値」という面もある。この
ポジティブな側面のレピュテーションの価値については，第8章で詳述するが，
ここでは，簡単に無形資産としてのレピュテーションについての過去の議論を
整理したい。
　「コーポレート・レピュテーションの測定と管理」（櫻井通晴，2011年）では，
株式の時価総額が企業の資産簿価を上回る（PBR1倍以上）部分がその企業の
超過収益力であるとしている。会計学における扱いという捉え方だが，**図表1
−1**のとおり，「のれん」→「知的資産」→「無形資産（インタンジブルズ）」
と変遷してきたと概ね捉えている。イメージとしては，知的資産は，特許権な
どのように権利として確立していて将来キャッシュ・フローへの影響が見込め
るものといえ，一方，無形資産は，権利として確立していなくても将来キャッ
シュ・フローに影響し，経済的価値の向上が見込まれるもの，ということにな
ろう。これより発展した形としては，筆者の見解であるが，SDGs，ESGの概
念も踏まえたという意味で「ESG・無形資産」へと発展していくものと考える。
これは，財務的な経済価値の向上に影響するということを超えて，外部経済性
（外部経済，不経済双方を含む）も価値向上（毀損）と捉えることが大きな違
いになると考えている。足許では，気候変動からさらに自然資本へと範囲が拡
大しつつあり，自然資本全体への外部経済性を考慮した概念へと発展すると考
えている。
　なお，無形資産（インタンジブルズ）を，櫻井氏は，「知的なインタンジブ

ルズ」と「レピュテーション関連インタンジブルズ」に分けて，それぞれで，何が企業価値を向上させる要因となるかについて考察を加えている。「知的なインタンジブルズ」では，著名な学者の研究成果から，イノベーションと研究開発，ソフトウエア，人的資産・情報資産・組織資産などをあげている。イノベーションと研究開発，ソフトウエアは何が企業価値を向上させる源泉となるかに注目しているが，人的資産・情報資産・組織資産については，KaplanとNorton（2004）のバランストスコアカードに関連した著作を基に，管理会計の立場から戦略的にいかに位置づけるかという観点から整理している。

図表1－1　**超過収益力として捉えられる無形資産（インタンジブルズ）の考え方の変遷と構成要素**

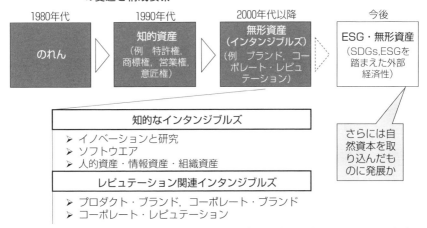

（出所）「コーポレート・レピュテーションの測定と管理」（櫻井通晴，2011）を基にトーマツで作成

「レピュテーション関連インタンジブルズ」としては，ブランドとコーポレート・レピュテーションをあげている。ブランドは，プロダクト・ブランドとコーポレート・ブランドの2種類があることが紹介され，前者が主に消費者や生活者がマーケティングの対象となるのに対して，後者は，多様なステークホルダーが対象となる点を違いにあげている。本書では多様なステークホルダーの利益を勘案したコーポレート・ブランドを，レピュテーションのポジティブな側面としてのブランドとして取り扱うことにする。

　「コーポレート・レピュテーション」では，櫻井氏は資産としての価値に注目して分析している。これは，後ほど，第8章で最新の考え方を振り返るが，同時に第3章にも関係する。そのために，ここでは，「コーポレート・レピュテーション」をさらに掘り下げて，代表的な過去の議論を振り返る（**図表1－2**）。

図表1－2　**過去の代表的なコーポレート・レピュテーションの資産性に注目するアプローチ**

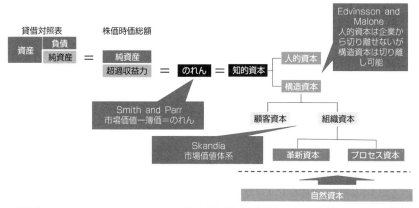

（出所）「コーポレート・レピュテーションの測定と管理」（櫻井通晴，2011）を基にトーマツで作成

　まず，「コーポレート・レピュテーション」の価値について最も古くからいわれていたのが市場価値と純資産簿価の差を「のれん」として超過収益とみる見方だ。これはSmith and Parr（2004）に代表される考え方だ。**図表1－1**でも見たとおり，従来から会計の世界でも支持されてきた考えだ。

　次に，のれんのバリュードライバーを「知的資本」に求める考え方だ（Brooking，1996）。のれんの超過収益力の源泉を「知的資本」に求めるもので，これも**図表1－2**のとおり，のれんから変遷する考え方だ。

　EdvinssonとMalone（1997）は，さらに，「知的資本」は，「人的資本」と「構造資本」の2つから成るものとしてこれを発展させている。「人的資本」は，知識やスキル等企業から切り離せないものというイメージで，「構造資本」は，

データベース，特許権等分離して販売可能なものというイメージだ。

　さらに，Skandia（1994）は，「構造資本」を「顧客資本」と「組織資本」に分けたうえで，「組織資本」を「革新資本」と「プロセス資本」に細分化し，市場価値体系として論じている。様々な資産（資本）をいくつかの観点で区分けし，これを知的資本（無形資産）と関連づけていくイメージだ。

　「顧客資本」は，文字どおり，顧客，サプライヤー，販売代理店など企業が顧客とのつながりで有する資産（資本）だ。一方，「組織資本」は，組織＝企業が独自に保有する資産（資本）だ。このうち，「プロセス資本」は，トヨタのカンバン方式等のようにその企業しか保有していない独自の業務プロセスで超過収益の源泉となるものだ。これに対して，「革新資本」は，特許や著作権など企業が保有する知的財産権や各種ブランド資産もこれに含まれる。また，これより細分化して，例えば，ステークホルダーの利益別に分類する等の資産（資本）分類が可能そうだが，ここで，過去の議論の振り返りは一段落とし，後は，第3章，第8章での議論に譲ることとする。

　なお，足許ではTNFD（Taskforce on Nature-related Financial Disclosures）等の関係もあり，自然資本にも注目が集まっている点には留意する必要がある。過去の議論では超過収益の源泉は何かという観点から様々な資産（資本）を考えたが，自然資本を考える場合，この超過「収益」の「収益」の要素に外部経済性を考慮する必要がある。もちろん，「収益」（効用や便益概念の向上等）だけではなく，自然破壊による悪影響等「損失」も考慮する必要がある。市場価値が社会的な効用・非効用なども含むものに広がるイメージといえる。すなわち，市場価値と純資産簿価の差を「のれん」とすることに端を発して，その収益源泉（ドライバー）をどのような資産（資本）に分類するかでこれまで様々な資産（資本）が登場したわけだが，市場価値そのものが財務的な経済価値ではなく，社会的な効用・不効用を含む概念となると，計測方法の共通化，比較化という論点は置いておくとしても，出発点から考え方が異なることに留意する必要がある。

② これまでのバーゼル委の議論の経緯

1　バーゼルⅡでの議論

　さらに，規制上の概念という意味で過去のバーゼル委の議論を振り返ってみよう。レピュテーショナル・リスクが広く一般に金融関係者に知られるようになったのは，バーゼルⅡがオペレーショナル・リスクを管理対象にした時からだ。20年以上前の2003年2月にバーゼル委が公表した「オペレーショナル・リスクの管理と監督に関するサウンド・プラクティス」では，バーゼル委が定義するオペレーショナル・リスクには，戦略リスクとレピュテーショナル・リスクは含めない，という定義の仕方で，独立したリスクサブカテゴリーとして認識された。オペレーショナル・リスクには含めないというネガティブな定義でリスク管理対象の1つとして認識されたことになる。

　ただし，バーゼル委のオペレーショナル・リスクの定義は，「内部プロセス・人・システムが不適切であること若しくは機能しないこと，又は外生的事象が生起することから生じる直接的又は間接的損失に係るリスク」[1]となっていることから，レピュテーショナル・リスクをオペレーショナル・リスクに含めても問題ないようにも思える。例えば，「SNSで倒産の噂が立つ」という外生的事象が起因となって，「株価が下落する」という間接的損失を被ることを考えると，この定義に該当するようにも考えられる。

　このような扱いとなった背景について，バーゼル委の市中協議案に関するコメントを見ると（「補論：オペレーショナル・リスク」，バーゼル委，2001年1月），「オペレーショナル・リスク以外のその他のリスクの計量化は非常に難しい」としているほか，「戦略リスクと風評リスクはオペレーショナル・リスクに対する規制上の最低所要自己資本賦課の目的とする本定義には含まれない。

　1　原文では，"the risk of direct or indirect loss resulting from inadequate or failed internal processes, people and systems or from external events" となっている。

この定義はオペレーショナル・リスクの原因に着目したものであり，当委員会として，これはリスク管理と，最終的にはリスク計量化の両方に対して適切なものであると信じている」とコメントしている。

　すなわち，当時はレピュテーショナル・リスクの計量が困難と認識されていたこと，また，外生的事象との因果関係が必ずしも明確でない場合もレピュテーショナル・リスクは顕在化する可能性があると考えられていたこと，などから，資本の充実性を国際比較するうえでの規制資本の要素としてオペレーショナル・リスクには含まなかったということになりそうだ。

2　世界金融危機（いわゆるリーマンショック）時の問題

　バーゼルⅡが議論されている最中に，世界金融危機（いわゆるリーマンショック，2008年9月）が起きた。これにより，バーゼルⅡの議論が世界金融危機で認識された課題に対応できているのかという議論が生じ，信用リスクも流動性リスクも根本から見直されたうえ，資本要件がより厳格なものへと変化することにつながった。この中で，レピュテーショナル・リスクも「ステップイン・リスク」という形で注目された。欧米の有名銀行が証券化で完全に自分のバランスから切り離したCDOやABSについて，顧客はその有名銀行が組成・オリジネーションしたこと，すなわち，有名銀行の看板やレピュテーションを信用してCDOやABSを購入したのだから，買い戻すべきという話になった。大きな損失を被った顧客の立場からすれば感情的にはわからなくもないが，仕組みとしては銀行等のバランスから切り離すための証券化なので，少し無理がある話にもみえる。しかし，これを結果的には当局も後押しするような形となり，いくつかの銀行は，法律的には必ずしも責任は明確ではないが，レピュテーションを守るために買い戻しに応じている。これをステップイン・リスクと呼んでおり，その後，バーゼル委「監督上の審査プロセス—リスク管理編」(Supervisory Review Process (SRP30) Risk management, 2019年12月15日改訂版) では，銀行はストレスシナリオの一環としてステップイン・リスクに備えて内部管理上キャピタルを手当すべきということを明確にしている。

　なお，ステップイン・リスクのバーゼル委の定義は，「金融ストレス時に銀行が，シャドーバンク等の事業体に対して契約上の義務を超えて財政上支援するリスク」としており，対象を証券化商品から拡大して，シャドーバンク等の事業体としている点に留意が必要だ。ここでいう「シャドーバンク等」は，非連結の事業主体全般を指すと考えられており，CDO，ABS等の証券化のために作成したSPC（Special Purpose Company）や投資ビークル（Structured Investment Vehicle），MMF，ファンド（含むヘッジファンド）なども含まれると考えられる。シャドーバンクといえば，中国の理財商品なども想起されるが，こうした非連結先のリスクを広く捉える趣旨と考えている。この点については，後ほどレピュテーショナル・リスクの拡大という観点から第6章で論じるので参考にされたい。

3　ステップイン・リスクとの関係

　ここでバーゼル委のステップイン・リスクについて簡単に概要を振り返りたい。

　2017年10月に，バーゼル委は，「ステップイン・リスクの特定と評価」（Identification and management of step-in risk）のガイドラインを公表している（**図表1－3**）。

　実は，市中協議書をバーゼル委が公開したのは2015年12月なので，2年近く議論したことになる。市中協議の主な論点は，第一の柱（規制資本の範囲）とするか，第二の柱（内部管理による資本充実度検証）とするかであったが，連結外も規制対象とする場合にはそれを確認する事務がかなり煩雑になることから第一の柱での管理は見送られ，第二の柱での管理となった。この点，レピュテーショナル・リスクがオペレーショナル・リスク管理対象から外れ，第二の柱での管理を基本とすることになったのと同じ扱いだ。

　図表1－3は，バーゼル委によるステップイン・リスクガイドラインに基づくリスクの洗い出し・対応のプロセスを示したものだ。銀行で行う対応業務は①から⑦まであるが，そのイメージは下記のとおりだ。

図表1-3 バーゼル委によるステップイン・リスクガイドライン手順

ステップイン・リスクガイドライン手順概要

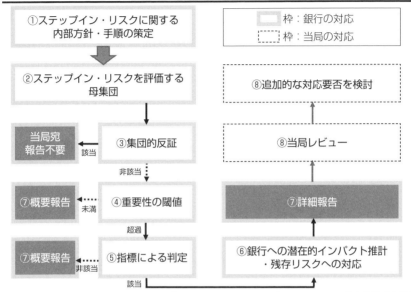

(出所)「バーゼル銀行監督委員会による『ガイドライン:ステップイン・リスクの特定と管理』最終
文書の概要」(2017年11月,金融庁/日本銀行)

(1) ステップイン・リスクに関する内部方針,手続きを明確にし,位置づけ,
計測手順を明確にする(①)
(2) 銀行との関係を考慮したうえで潜在的なステップイン・リスクの有無を評
価すべき事業体の範囲を定義する(②)
(3) 母集団の中から,集団的反証に該当するものや重要性がないものを除外す
る(③)
(4) 母集団に残った事業体を複数の指標により評価し,重要かつ重大なステッ
プイン・リスクの存在を判定するための閾値を設定(④)
(5) ④の指標毎の閾値に基づき,判定(⑤)
(6) 銀行の流動性や資本に与える潜在的なインパクトを推計し,適切なリスク
管理上の措置を決定(⑥)
(7) 銀行の自己評価を当局に報告(⑦)

図表1-4 ステップイン・リスクを特定する指標

ステップイン・リスクを特定する指標（1）

指標	概要説明
スポンサーの性質と関与の程度	銀行が，保証や信用補完等を通じて事業体にフルサポートを提供する場合や，事業体の意思決定に関与し，かつ信用補完や流動性枠を提供している場合など。
影響力の程度	会計上の連結要件のひとつであるコントロールよりも広い概念。50％未満の出資でも重要な影響力を行使できる場合や，出資がなくても取締役会メンバーの任免権がある場合，事業体のリスクとリターンが銀行に移転するような関係がある場合など。一方で，マンデートに従って単なるエージェントとして意思決定を行い，変動リターンの影響を受けない場合は該当しない。
暗黙のサポート	格付け会社が事業体の格付け付与の際に銀行のサポートを織り込んでいる場合など。投資家が，類似の事業体等と比較して相対的にリスク対比低いリターンを受け入れている場合は，ストレス時に銀行によるサポートが期待されている可能性がある。
高レバレッジの事業体等	事業体が保持しているリスクに対して，自己資本が不十分な場合など。

ステップイン・リスクを特定する指標（2）

指標	概要説明
流動性ストレス・先行逃避のインセンティブ	事業体の資産と負債に流動性ミスマッチがある場合や，先行逃避のインセンティブがある（例：固定Net Asset Values）にもかかわらず，それを制限するペナルティーがない場合など。
リスクの透明性	投資家が事業体のリスクとリターンを理解するために十分な情報が提供されているかを測る指標。リスクの透明性が低く，定量化が難しい場合など。
会計上の開示	銀行の会計上の注記により，非連結の事業体に対して銀行が関与するリスクが高いと認められる場合など。
投資家のリスク許容度からの乖離	投資家のリスク許容度が事業体の保有する資産のリスクから乖離している場合など。
ブランドの風評リスク	事業体が銀行と共通の顧客を持ち，かつ銀行のブランドを使用している場合や，関連商品の販売等を行うことが銀行の戦略である場合など。
ステップインの実績	過去にステップインした実績がある場合など。
規制によるステップインの制約・軽減	集団的反証のようなステップインの禁止にまでは至っていないものの，それを制約するような規制・法令がある場合など（この場合，ステップイン・リスクが軽減される）。

(出所)「バーゼル銀行監督委員会による『ガイドライン：ステップイン・リスクの特定と管理』最終文書の概要」(2017年11月，金融庁/日本銀行)

　なお，⑤の指標による判定では，以下の指標をあげている。中には，「スポンサーの性質と関与の程度」等定量的な閾値を設定するのが困難なものも含まれており，定性的に大中小で判断することも排除していないものと考えられる。

4　足許の規制関係対応

　では，こうしたレピュテーショナル・リスクの規制関連の歴史を振り返り，足許の規制の現状はどうか。最近の規制対応の確認で適切と考えられるのは，2019年12月のバーゼル委の「監督上の審査プロセス―リスク管理編−（SRP30）」でのレピュテーショナル・リスクの位置づけだ。レピュテーショナル・リスクの定義は，2009年7月の「バーゼルⅡの枠組みの強化」の定義を引用する形で，「顧客，取引相手，株主，投資家，負債保有者，市場アナリスト，その他の関係者や規制当局の否定的な認識から生じるリスクで，銀行の既存の維持能力，または新たなビジネス上の関係や資金源への継続的なアクセス（例えば銀行間市場や証券化市場を通じて）に悪影響を及ぼす可能性のあるもの」としている（1 1「対象範囲」参照）。ステークホルダーや影響の波及経路が明確になっているが，位置づけとしては，2003年から変更となっていない。相変わらず，レピュテーショナル・リスクは戦略リスクとともにオペレーショナル・リスクには含まれないという整理だ。ただし，世界金融危機の教訓を経て，重要性は変わり，例えば，「風評リスクは資産担保CP（Commercial Paper）やSIV（Structured Investment Vehicle）などの証券化商品への銀行のスポンサーシップや証券化信託への信用エクスポージャーの売却により発生する可能性」があるとし，「銀行の評判を損なうことを避けるために，負債をコールする」ことがあるため，「風評上の懸念から生じる潜在的なエクスポージャーを特定した後，証券化に対する暗黙の支援も含め，供与する必要のある支援を測定し，（略）風評リスクの影響を可能な限り正確に測定する必要がある」としている。さらには，「定期的なストレステストにレピュテーショナル・リスクのシナリオを含める」ことを推奨して，「ICAAP（Internal Capital Adequacy Assessment Process，自己資本充実度評価）や流動性危機管理計画」の枠組

みで適正に評価することを求めている。かなりステップイン・リスクの考え方に寄ってはいるが，位置づけは明確だ。

　すなわち，規制上の要件（第一の柱）では考慮しないが，内部管理上は考慮（第二の柱）するということだ。逆にいえば，規制に従っている限りは，SNS等コミュニケーション手段の変化や情報の拡散スピード等最近の社会情勢の変化に伴うレピュテーショナル・リスクの課題に必ずしも適切に対応できるわけではなく，内部管理の高度化として各金融機関は，規制に頼らずに自律的な防衛手段を講じる必要があるということになる。

　なお，オペレーショナル・レジリエンスのための諸原則と同時に公表された，2021年3月の「オペレーショナル・リスク管理のための諸原則」では，レピュテーショナル・リスクは自己資本比率算定におけるオペレーショナル・リスクの定義の範囲外ながら，各行がオペレーショナル・リスク管理を行ううえで考慮すべき論点である旨が追記されており，内部管理（第二の柱）での取扱いがここでも明確化されている。

3 最近になって管理の必要性が高まってきた背景

1 レピュテーションによる巨額の損失事例

　こうした現状に対して，やはりレピュテーショナル・リスクは，金融機関の存続に関わるものとして重要ではないかと再認識せざるを得ない事件が起きた。レピュテーションによる巨額な損失事例の発生だ。

　2023年3月にSVB（シリコンバレーバンク）の破綻が起きた。SVBはその名のとおり，シリコンバレーにあるスタートアップ企業やベンチャーキャピタルとの取引で急成長した銀行だった。2023年3月8日に，仮想通貨取引所FTXの破綻を契機に，暗号資産を扱う取引先銀行のグループ（シルバーゲートキャピタル）の事業閉鎖に伴い，SVBは巨額の損失計上と増資を行う旨を公表したが，一部の著名ベンチャー投資家がスタートアップ企業に預金を引き出すよう

呼びかけたため，これに呼応したスタートアップ企業の預金引き出しが加速し，わずか2日後の3月10日には破綻が決定した（**図表1－5**）。

図表1－5　SVBの株価

SVBの株価の推移

（出所）NYSEデータよりトーマツにて作成

　預金引き出しのスピードの速さは特に注目される。これは，シリコンバレーは，まさに「ムラ」社会のような特徴があり，SNSでベンチャーキャピタル，スタートアップ間で日ごろから様々な情報を共有する習慣があったことが影響しているといわれている。破綻の構造的な要因は，急激に増えた預金を長期の債券投資で運用したため，足許の金利上昇により評価損が増えたこと等ALMリスク管理の失敗といわれているが，破綻までのスピードの速さは，SNS等による情報伝達の速さと情報連絡が密となる環境が影響したといえそうだ。

　この他にも，大手金融機関でSNSでの噂話が発端となり巨額の預金流出を招いた事例もあるが，これも同様に，投融資先の破綻による巨額損失を契機としてSNSで信用危機の噂が広まったもので巨額の資金調達を余儀なくされたケースだ。

　こうしたネット時代の新型取り付け騒動のようなケースが目立ち始めており，

改めて金融業界にレピュテーショナル・リスク管理が必要なことをいくつかの点から再認識させられることになった。1つ目は，財政的な負担・損失だ。株価下落に伴う企業価値下落に加えて，預金流出に伴う流動性低下により資金調達必要額が想定を超えたことにより，巨額の資金調達が必要となること（増資としての資本調達も含む）は，財務負担を伴う明確なリスクの顕在化事象だ。

2つ目は，必ずしも自分に起因しない情報に基づいて，いわゆる噂の範疇の情報が，無方向かつ即時に拡散することだ。拡散する過程で情報内容も変化していくと考えられるため，拡散速度も考えると，一度広まると対策が取りづらい。リスク管理上，有効なコントロール手段を打つことが難しいといえる。これは，例えば，SVBのケースでは，一部の著名ベンチャー投資家の預金引き上げの呼びかけに対して，具体的な数字を示しながら流動性は心配ない，倒産の危険はない，ネットの噂はデマだという対策を取ったとしても，情報が瞬時に拡散するので，有効なリスク抑制手段とはならないだろう。また，デマを流したものを法的に訴えるとしても，グローバルで広がりを持ち，また，匿名性のあるSNSで全てを叩くことは到底無理だ。

3つ目は少し観点が異なるが，足許各国で金利上昇に転じているものの，これまでの低金利環境による過剰流動性により投機マネーが何某かのスケープゴートを探しやすいということも，噂に便乗する形でより流動性低下や株価下落の振れ幅を拡大させたのではないかと考えられることだ。ネガティブなニュースをAIなどで機械的に拾ってトレードするような仕組みも，こうした振れ幅の拡大に寄与した面もあろうかと推察される。

以上のような点から，改めて足許，レピュテーショナル・リスク管理の必要性が高まってきたと考えている。

2 ステークホルダーとの関係

最近，レピュテーショナル・リスク管理の必要性が高まってきた背景の2つ目の要素としては，バーゼル委のレピュテーショナル・リスクの定義にも反映されているが，ステークホルダー資本主義の考えが浸透してきたことにある。

すなわち，株主利益だけではなく，顧客，投資家，従業員，当局，市場アナリスト，NGO等様々なステークホルダーの利益に配慮して社会的な貢献を考えて企業経営を行うべき，とする概念であり（**図表1－6**），2020年1月のダボス会議（世界経済フォーラム）の主題となった。元は，SDGsの文脈の中から，株主資本主義では，経済格差の拡大や気候変動を含む環境問題への対応が適切に実施されないという反省に基づき，持続的な成長のためには，環境や顧客，地域社会への貢献等が必須とする考え方だ。いわば，短期的な利益追求から長期的な成長性を重視する姿勢への転換となるものだ。これをレピュテーショナル・リスクの文脈から読み直すと，誰のレピュテーションを気にするのかということだ。顧客，従業員，投資家，メディア，当局，NGO等金融機関を見る目は，それぞれのステークホルダーの関心事項により全く異なる。顧客はサービス内容だろうし，従業員は待遇かもしれない。NGOは気候変動に始まり，人権や化石燃料，捕鯨，森林破壊などもあり関心は様々だ。

　改めてバーゼル委の該当部分を見ると，「顧客，取引相手，株主，投資家，債務者，市場アナリスト，その他の関係者や規制当局の否定的な認識から生じるリスク」と明らかにステークホルダーを意識した定義となっていることがわかる。一言で，ステークホルダーごとの関心に留意するといっても，レピュテーションの考え方や認識の仕方は個別にかなりばらつきがある。例えば，顧客といっても，商品そのものへの不満かもしれないし，その説明内容かもしれない。説明している人の態度なども入るし，スマホ取引での操作性の不満かもしれない。顧客の関心を過去の例に従って分類してもかえって細分化しすぎてリスクとしての管理に向かない面もある。このため，ステークホルダーの関心をある程度大掴みにして評価軸などを作成し，リスク評価するうえでの目線を確立していく必要がある。この点については，第2章で詳述する。

図表1－6　株主資本主義とステークホルダー資本主義

ステークホルダー資本主義
- 企業が持続的に成長するためには，株主だけではなく，従業員，取引先，顧客，地域社会といったあらゆるステークホルダーの利益に配慮すべきという概念
  - 2019年8月に，米非営利団体（ビジネス・ラウンドテーブル）が格差拡大や短期的な利益志向などの株主資本主義の問題点を指摘し，あらゆるステークホルダーの利益に配慮する旨の宣言を出したことが発端
  - 2020年1月に，世界経済フォーラム年次総会（ダボス会議）で，「ダボス・マニフェスト2020」によりステークホルダー資本主義を提唱
  - ステークホルダー資本主義の測定基準としては，世界経済フォーラムが2020年9月に「ステークホルダー資本主義の測定」を公表し，4つの柱（ガバナンスの原則，地球，人，繁栄）に基づき，21の中核指標と34の拡大指標を特定
  - （例）
    - 【ガバナンスの原則】目的主導型のマネジメント
    - 【地球の原則】パリ協定に則った温室効果ガス排出量目標
    - 【人の原則】差別・ハラスメントの事故件数と補償額
    - 【繁栄の原則】社会的価値の創出

株主資本主義
- 企業は株主のものであり，株主の利益を最大化するために経営をすべきという概念
  - 市場経済において，各個人・企業が自己の利益を追求すれば，結果として社会全体において適切な資源配分が達成されるとする，アダム・スミスの考え方も背景
  - 社会主義国家の破綻等により西側資本主義の勃興・株主資本主義への自信の回復
  - ストックオプション等による経営へのインセンティブ付与増加による株主と経営の利害の一致
  - 企業価値基準としては，ROE（資本利益率），IRR（内部収益率），総還元性向等

3　匿名性，情報流通速度

　最近になって管理の必要性が高まってきた背景の3つ目は，SNSの発達，普及だ。SVBの例で見たように実際にSNSでの噂が元となり，取り付け騒ぎに発展している例もある。SNSは，匿名性と情報の拡散が速いのが特徴だ。

　匿名性ゆえに，無責任に企業の悪評や誹謗中傷が拡散しやすい。また，SNSの大宗はグローバルでサービスを提供しているため，嘘の情報であってもグローバルに情報が瞬時で拡散する。噂が噂を呼ぶ面もあるため，嘘の情報が伝言ゲームのように変化していく面があることもやっかいなところだ。このため，ネット監視を専門に行う会社に依頼して投稿内容等をチェックする企業もある。

　ただし，海外発の嘘の情報に関しては国により開示請求や情報保護の仕組みも異なるため，金融機関としてもあらかじめ主要国の情報保護制度はレピュテーショナル・リスク管理の観点から確認する必要があると考えられる。SNSはグローバルで展開可能なため，情報保護管理が一番甘い国が起点となる可能性もある。

　情報の拡散については，やはり監視の目を光らせて早い段階で対応するしかないと思われる。そうでないと無限に拡散し，かつ嘘の情報が次々と変化していく可能性がある。

　ここで情報の流通速度を，貨幣数量説に基づき，フィッシャーの交換方程式に当てはめてみると，いかに情報の流通量の管理が貨幣の流通量と異なり難しいかイメージしやすいかもしれない（**図表1－7**）。

図表1－7　**情報の流通速度**

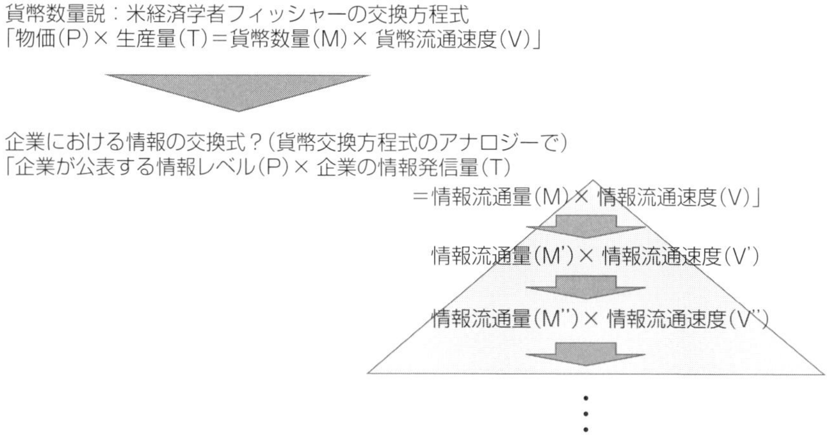

貨幣数量説：米経済学者フィッシャーの交換方程式
「物価（P）× 生産量（T）＝貨幣数量（M）× 貨幣流通速度（V）」

企業における情報の交換式？（貨幣交換方程式のアナロジーで）
「企業が公表する情報レベル（P）× 企業の情報発信量（T）
　　　　　　　　　　　　　　　＝情報流通量（M）× 情報流通速度（V）」

情報流通量（M'）× 情報流通速度（V'）

情報流通量（M''）× 情報流通速度（V''）

⋮

（出所）筆者にて作成

　フィッシャーの貨幣交換方程式を情報の流通量に仮に当てはめて考えた場合，**図表1－7**のとおり，企業が公表する情報レベル（P）×企業の情報発信量（T）＝情報流通量（M）×情報流通速度（V）が成立するはずだ。しかし，こ

れは企業が公表する，いわば「正しい情報」の流通だ。SNSでの情報拡散が
やっかいというか，そもそもレピュテーショナル・リスクとして管理する必要
があるのは，「正しくない情報」だ。そうすると，企業が公開する情報量を超
えて，「正しくない情報」も次々に拡散していくこととなり，情報量全体で交
換方程式とならず，右辺の情報量が圧倒的に多くなる。しかも，ITテクノロ
ジーの進展で情報流通速度はかなり速いので右辺の情報量は莫大なものとなる。
無方向かつ無秩序に拡散していくので「正しくない情報」の量は莫大だ。嘘の
情報が形や内容を変えて次々と拡散していくイメージだ。貨幣数量説でいえば，
いわば，偽札の流通により貨幣の流通量が莫大に増加するイメージに該当しよ
う。偽札により貨幣流通量が増加し，これによりインフレーションが起きるイ
メージだ。SVBのケースで見たように既に問題が顕在化している時には，情報
のインフレが生じて各方面に偽の情報が拡散してしまい対応が困難な状況にあ
ると思われ，早期の情報管理，未然の拡散防止対応は何より重要だ。

　　以上のようなことが背景となって，足許レピュテーショナル・リスク管理の
必要性は高まっているが，現在のリスク管理の枠組みでは適切に対応できない
面もあり，次章では，実際に組織内でレピュテーショナル・リスクを定義し管
理する際の考慮点を検討する。

◆　コラム1　正直者はバカを見ない？

　読者は，"値上げ"と聞くと購買意欲が削がれてしまわないだろうか。おそら
く，多くの人が値上げに対しマイナスなイメージを持っていよう。そのような
中，ある乳業メーカーは，消費者の心に響く「おわびCM」で値上げ後も消費者
離れを食い止めることに成功した珍しい例だ。
　ある乳業メーカーは2016年まで25年間人気アイスの価格を60円で維持してきた
が，アイス棒や原材料の仕入れ価格の上昇，物流費や人件費の上昇から70円へと
値上げせざるを得ない状況となり，約2年間社内で議論を重ねた結果，値上げに
踏み切ることとなった。その際，これまで当該人気アイスを応援してくれたお客
さまへの感謝の気持ちと，価格が変わることをお客さまにきちんとした形でお伝

えするため，社長を始め，当該乳業社員が出演するTV-CM・広告を2016年4月1日（金）と2日（土）の2日間限定で展開した。CMでは，消費者からの意見に真剣に向き合った乳業メーカーの真っ直ぐな気持ちを表現しており，この真摯な態度が消費者の心に響き，消費者の間では，「値上げをなんだか許せてしまう」といった声や「こんなに真摯な態度をとる会社は見たことがない」というような声が上がった。CMは地上波で放映されたのはたったの3回のみであったにもかかわらず，その後数々の広告賞を受賞し，海外のメディアにも取り上げられるほど話題となった。この結果，乳業メーカーは値上げ後も売上を伸ばすことに成功している。

　消費者がマイナスなイメージを抱いてしまう値上げだが，本事例は企業側が抱える値上げせざるを得ない理由とお詫びを真直ぐに伝え消費者の心を掴み，ポジティブなレピュテーションを勝ち取った成功事例といえる。このような真摯な態度が長年愛され続ける秘訣なのだろう。

◆ コラム2　BCP対応の「レジェンド」

　BCP（事業継続計画）と言えばかつて存在した有名米証券を思い浮かべる人もいるかもしれない。当該米証券はアメリカ同時多発テロ事件（2001年9月）の際，見事なBCP対応を行い，世界を驚かせた。

　当時，ワールドトレードセンター（WTC）にあったオフィスでは，約9,000人の社員が勤務していた。2001年9月11日アメリカ同時多発テロ事件が発生し，WTCに飛行機が衝突し，米証券の本社機能は壊滅した。そのような中，米証券は1機目が衝突した7分後には，対策本部を立ち上げ，20分後には約9,000人の社員全員の避難を無事完了させたのだ。

　なぜ，当該米証券がこのような対応が取れたかというと，実は事件発生の4か月前にハリケーンにより本社機能が崩壊するというシナリオで全社横断的に大規模な訓練を実施していたからだ。本社機能が崩壊する原因は想定外のものではあったが，米証券は訓練と同じ様にBCPを発動させ，社員の安全を確保した。そして数日後には素早くビジネスを再開したことでテロの影響を最小限に抑えた。

　今なお当該米証券はBCPのレジェンドといわれるほど，今回紹介したBCP対応は世界に驚きと危機感を与え，米証券のレピュテーションを向上させた。この

対応が世界中の企業にBCPの重要性を伝え，対応を考えるきっかけとなったのだ。

第2章

レピュテーショナル・リスク
管理の新たな管理枠組み

本書におけるレピュテーショナル・リスクの範囲をバーゼル委の定義に基づくとしたが，実際に組織内で定義し管理する際の留意点を検討したい。現状の一般的なリスク管理枠組みにおける位置づけ，対象となる具体的なステークホルダー，レピュテーショナル・リスク管理のための体制について検討する。

1 定義とリスク管理上の位置づけ

1 リスク管理枠組みからのレピュテーショナル・リスクの位置づけ

　現状の一般的なリスク管理の枠組みからの位置づけとして，①レピュテーショナル・リスクはオペレーショナル・リスクから独立したカテゴリーとするか，②オペレーショナル・リスクの中のサブカテゴリーとするか，という議論がある（**図表2－1**）。オペレーショナル・リスクから独立させる場合は，信用リスク，市場リスク等他リスクとの平仄を考慮する際に実施する場合が多い。気候変動リスク，モデルリスク等も同様の扱いだ。バーゼルではレピュテーショナル・リスクはオペレーショナル・リスクには含めないと明記されているので，バーゼルの概念と整合性をとる意味もある。

　一方，オペレーショナル・リスクの中のサブカテゴリーとする場合は，組織態勢として伝統的な信用リスク，市場リスク，オペレーショナル・リスクという建付けに対応しているため，止む無く，その他のリスクとして，気候変動リスク，モデルリスク等とともにオペレーショナル・リスクのサブカテゴリーとして扱われる場合である。

　一般的には，レピュテーショナル・リスク管理を導入する際には，個別事象に紐づくレピュテーショナル・リスクの管理の観点から，オペレーショナル・リスクのサブカテゴリーとして位置づけし，その後，レピュテーショナル・リスク管理について成熟するにつれて，独立したカテゴリーに位置づけを変化させていくといった段階的なアプローチをとることが考えられる。実際にレピュテーショナル・リスクを管理する場合は，その組織の文化，管理の必要性，成熟度，他リスク管理との運営上の優先度等を加味して適切な位置づけをした運用が必要だ。本書においては管理の目線を明確にするためにも，独立したカテゴリーでレピュテーショナル・リスクを位置づけた場合を取り扱うこととしたい。

図表2－1　　レピュテーショナル・リスクの位置づけ

独立したリスクカテゴリーとして扱う場合

信用リスク　市場リスク　オペレーショナル・リスク　レピュテーショナル・リスク　…

オペレーショナル・リスクのサブカテゴリーとする場合

信用リスク　市場リスク　オペレーショナル・リスク　事務リスク　システムリスク　レピュテーショナル・リスク　…

2　拡大する管理範囲

　レピュテーショナル・リスクの発生原因を分析すると，自組織の瑕疵の有無にかかわらず，発生する可能性もある。例えば，レピュテーショナル・リスクは豊川信用金庫事件[1]のように，根拠が全くない噂，デマが伝播することにより取り付け騒ぎに発展することもある。また，根拠の有無の問題ではなく，業界の商慣習や常識が拡大した幅広いステークホルダーから受け入れられなくなったためや，事実の一部のみが抽出される等によりレピュテーショナル・リスクの発生につながっていくことも考えられる。このことから従前のリスク管理の枠組みから対象とする範囲も拡大していく必要がある。拡大する範囲としては，①従前のリスク管理対象範囲内でリスクが発生した場合に連鎖，派生するレピュテーショナル・リスク，②リスク管理対象外と認識している事象から発生するレピュテーショナル・リスクと区分する。

1　豊川信用金庫事件は，1973年（昭和48年）12月，誤った内容の噂により豊川信用
金庫に対する取り付け騒ぎが発生した事件

図表2-2 レピュテーショナル・リスクの発現のプロセス

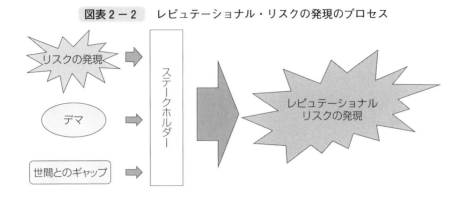

3 従前のリスク管理対象範囲からの連鎖

　このタイプの典型的なレピュテーショナル・リスクの発生・認識は，例えば，法務リスク事象が生じ，法令違反をした際に，それがきっかけとなって消費者が不買運動を行い，売上が減少し財務への影響を与えるなどが考えられる。この例では法令違反をしたという法務リスク事象の発生と，そこから連鎖した不買運動，売上減少をレピュテーショナル・リスクの発生と認識する。仮に特別なレピュテーショナル・リスク管理態勢がなかったとしても，例えば，謝罪会見時にメディアに誠意的な対応をする，メディア等の外部のコメントに適切に対応する等は，通常の広報業務の中で十分コントロールが可能だ。しかしながら，近年ではSNSの利用により，例えば，広報業務等とは関係なく，社内の会議の内容等が漏れてしまうような場合もある。さらには，監督当局から公表されるレベルではない指摘を受けて社内で対応している最中にSNS等で関係する個人から公表されてしまい，監督当局に伝わって信頼関係が悪化したり，メディアを通じて広く知られてしまう等により企業のレピュテーションに深刻なダメージを与えることもありうる。このSNSのような新たなコミュニケーション手段の登場により，従来のリスク管理の枠組みではなかなか認識・コントロールしづらいレピュテーショナル・リスクが生じてきていることを十分認識し，リスク管理に漏れがないように，しっかりと関係各部の役割分担を決めた

り，レピュテーショナル・リスクを別のカテゴリーとして明確に管理対象とする等の対応が必要だ。

図表2－3　リスクの連鎖

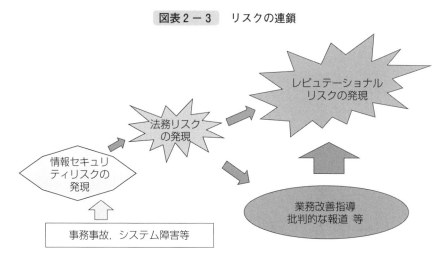

4　従前のリスク管理の対象外からの発生

　従来のリスク管理の枠組みから連鎖するもの以外にもレピュテーショナル・リスクは発生しうるので厄介だ。例えば，会社に責任の無い，全くのデマによるものでも実際にレピュテーショナル・リスクは生じる。また，サステナビリティの分野では国際機関や政府等の規制当局以外にNGOが影響力を強めつつあり，これまで意識して動向をモニタリングしてきた顧客，当局，メディア以外に新たにNGOも関係するステークホルダーとして動向に留意する必要があり，こうした新たなステークホルダーの登場も従前のリスク管理の枠組みでは十分とらえきれていないものの1つだ。

　レピュテーションという観点から現在のリスク管理の枠組みを再構築する必要まではないが，レピュテーショナル・リスクが顕在化すると重大な影響を及ぼすことを前提として，レピュテーショナル・リスクのこれまでのリスク管理とは異なる特徴を洗い出して，対応策を検討し，優先順位を決めて計画的にレ

ピュテーショナル・リスク管理の充実を図る必要がある。情報社会の進展は今後も続くとみられ，レピュテーショナル・リスクの管理対象の範囲の拡大，リスク認識の手段の多様化，対応の柔軟性，多様性などは今後一層拡大することは間違いなく，十分な備えが必要だ。

5 レピュテーショナル・リスクの特徴

　それでは，リスク管理態勢を考えるうえで，レピュテーショナル・リスクはどのような特徴があるのかを検討してみる。従来のリスクと異なり，何をもってレピュテーショナル・リスクの発生と定義するかは，レピュテーションの内容にもよるため，外形的に定義するのは難しい。リスクが発生して事象を振り返って定義することは可能であるが実際にリスクが発生している中，これから対応をする際にそれ自体を議論するというよりも，現実に発生しているリスク事象自体の終息をまずは考える必要がある。そのためにもわかりやすい特徴，傾向を事前に把握する必要がある。レピュテーション事象の内容の真偽そのものよりもいかに注目を集められるかという観点の発信から発生しやすく，SNSの浸透により，拡散速度が非常に速いのが特徴だ。近年では度々投稿者が飲食店で問題を起こし，オープンではないSNSへ掲載し，その後にオープンなSNSへ転載され拡散している事例が数多くみられる。事象そのものの真偽はさておき，問題がオープンなSNSへ掲載された翌日には投稿者の本人特定，所属団体へクレームが発生している事例もある。この場合は投稿した本人に責任があるが，拡散のスピードを考えればデマだとしても夜中に情報発信，拡散され，翌朝にはSNS上では大問題としてクローズアップされ，弁解，弁明や意見表明をする前に信用低下が発生しうる。また，ネガティブな情報は拡散されるが，事態の収束対応をしているうちに流行の事象が変わり，ポジティブな情報は広がらないこともしばしばある。さらに，異なる組織にてネガティブな情報が広まり，論理的に見て関連性がないとしてもネガティブにクローズアップされることも考えられる。その際には事実であることよりもエンターテイメント性があることが注目されたり，権威 vs 弱者と見せ，弱者擁護の構造が好まれる傾向

がある。

　すなわち，①自己に責任のないデマでもリスクとなりうること，②情報の拡散スピードが速いため，早期の対応，柔軟な対応が必要となること，さらに，③情報が流通する間に内容が変化し新たな対応が必要となる可能性があること，などが最近のSNSによるコミュニケーション手段の拡大に伴うレピュテーショナル・リスクの特徴といえそうだ。

　さらに，レピュテーショナル・リスクの特徴としては，様々なステークホルダーによりレピュテーションを見る視点が異なることで，ステークホルダーごとの関心によってリスク対応アプローチも異なることだ。これについては，次章で議論を整理する。

２　配慮すべきステークホルダー

1　ステークホルダーの拡大

　「ステークホルダー」は直訳すると「利害関係者」となり，当初は主に出資者，株主と考えられていた。しかしながら，現代ではその対象範囲は拡大されている。2020年1月の世界経済フォーラム年次総会（ダボス会議）では「ステークホルダー資本主義」が明示され，組織は従来の株主の利益第一主義ではなく，従業員，取引先，顧客，地域社会のほかあらゆる利害関係者の利益を考える必要があるとされた。レピュテーションの文脈では組織活動を見られる人々，ひいては世界中の人々・組織をステークホルダーと考える必要があろう。特にESGにおいては従来の利益の追求とともに環境・社会への配慮も両輪で意識し実行しながら組織活動を継続的に発展させる必要がある。このようにステークホルダーの拡大により，利害関係者の概念も拡大し，それらのステークホルダーがどのような関心で自社の行動を見ているか考える必要がある。

2　具体的なステークホルダーの区分

　あまたあるステークホルダーのうち，組織が実際にレピュテーショナル・リスクを管理する必要がある対象はあらかじめ明確にする必要がある。本書では，一般的な金融機関を念頭に，ステークホルダーを投資家，顧客，従業員，当局，NGO，メディア（社会）と区分して論じる（**図表2－4**）が，例えば，顧客のなかでも預金者としての顧客と融資先としての顧客は立場や関心も異なるので，これ以上のステークホルダーの細分化はそれぞれの組織がいかに管理対象を考えるのかにも依る。ステークホルダーごとに大きく関心が異なるため，それぞれについての評価軸に対して影響度，シナリオを検討しながらレピュテーショナル・リスクを管理する必要がある。

　例えば，投資家であれば，従来型の株主資本主義と同様に企業価値向上につながる戦略や株価そのもの，さらにはキャッシュとして得られる配当金に関心があろう。顧客のうちでも預金の顧客は，商品内容そのものやサービス対応などに関心があると考えられる。従業員等組織構成員は労働環境や待遇などが関心事項であろう。政治（当局）は，金融サービスの安定，金融仲介機能の発揮，セーフティネットとしての機能保全等管理態勢全般に関心があると考えられる。一般に社会（メディア）は，話題性からスキャンダルや不祥事，不正等に関心があろう。NGOは様々な関心事項に対象が広がるが，特に留意すべきは環境関係，サステナビリティ関係だろう。サステナビリティ分野ではNGOが強い影響力を発揮している分野であり，例えば石炭火力発電に対する融資などはNGOに細かくモニタリングされ，セクターポリシー等で対応を明確にする必要に迫られた金融機関が多数ある等もこの例だ。

　なお，より詳細なステークホルダーごとの関心事項の分析については，第3章6 2(4)を参照されたい。

図表2−4　ステークホルダー区分

ステークホルダー	主な対象	主な評価軸・関心事項
投資家	株主，出資者，機関投資家	戦略，株価，配当金
顧客	商品，サービス利用者	品質，苦情対応
従業員	社員，外部委託先	報酬，待遇
当局	政府，当局，自主規制機関	検査・監督項目，管理態勢
NGO	関連団体，非営利組織	環境，サステナビリティ
メディア（社会）	新聞，出版，放送，SNS発信者	不祥事，不備

◆　コラム3　ランサムウェア対応マニュアル

　年々被害件数が増加しているランサムウェア攻撃であるが，ランサムウェア攻撃で身代金を要求された場合どのような判断をしてもレピュテーショナル・リスクへの影響は避けられない。そのため，画一的な判断基準の設定はかなり難しい。そこで今回は，もしも身代金を要求されてしまった場合の判断フローについて一例を紹介する。

　まず，ランサムウェアとは，コンピュータ内に存在するデータを暗号化するマルウェアである。この暗号化により，業務に関連するファイルを利用できなくなる等の影響が発生する。不正に行われた暗号化を解くための鍵は攻撃者が保有しているといわれており，このランサムウェアによりコンピュータの利用を阻害し，復号鍵の譲渡と引き換えに金銭を要求する一連の活動がランサムウェア攻撃である。企業がターゲットとなった場合は事業継続を人質に取られることもあり，年々被害額が増えている。

　ある企業では身代金を要求された場合の態勢を「犯罪を助長することを防ぐため身代金は支払わないことを原則とするが，複数の観点から支払わざるを得ない状況を考慮し最終的には設置された対策本部にて判断を下す」と整備した。身代金を支払わざるを得ない状況の観点としては，「情報漏洩による顧客への影響」「業務への影響」「社会への影響」「支払いにより解決する攻撃か，追加攻撃が発生するか」「金融犯罪に加担する可能性は無いか」等を判断基準とした。このような基準は，いざというときに迅速な対応を取るため設定しておくに越したことはない。対応の主体となる部署や判断のための情報の優先順位をあらかじめ決め

ておけば，攻撃を受けた時の方針が明確になり，即座の対応が可能となり，レピュテーショナル・リスクを最小限に抑えることができるかもしれない。

◆ 　コラム4 　実は要注意！　サイレントクレーマー

　レピュテーショナル・リスク管理において，顧客からのクレームを適切に管理することはもちろん重要なことだ。それに加え，SNS等が発達した現代においては，直接的なクレーマー以上に，"サイレントクレーマー"の管理が重要だ。

　サイレントクレーマーとは，抱えている不満を企業に直接伝えずSNS等を通して不満を発信する顧客のことである。サイレントという言葉から企業への被害はあまり無いように思われやすいが，企業が直接クレームに対応することができないという点で対策が難しい。加えて，SNSで事実ではない悪い噂が発信されてしまえば猛スピードで無方向に拡散され，さらに拡散される間で内容が変わっていく場合もありサイレントクレーマーはクレーマーよりも脅威となる場合がある。

　コントロールが難しいサイレントクレーマーであるが，上手く隠れた意見を拾うことができれば企業側にとっては逆にプラスに利用することも可能だ。あるお菓子メーカーでは，消費者からの"ネガティブな意見を募集する"というキャンペーンを行い，製品改良へと繋げることに成功した。悪評がSNSで拡散されることを警戒するこの時代において，当該企業はあえてネガティブな意見を消費者にとって身近なSNSにコメントをしてもらうという簡単な方法で募集し，さらにコメントをした消費者にはインセンティブを与えるとした。この逆転の発想の企画は，瞬く間にSNS上で話題となり拡散され，ポジティブなレピュテーションに転化することに成功し，企業は隠れた不満を発掘し商品改良に繋げることができた。

　一方で，苦情への対応を怠った結果，事件に繋がってしまったケースもある。ある航空会社で起きたハイジャック事件では，犯人が空港の構造図からセキュリティの欠陥を発見し，脆弱性を指摘する文書を親切にも関係部署や報道機関などに宛てて送付した。しかしどこからも反応はなく無視された。その後，実際に事件は発生し，事件発生後の調べによると，犯人は自身が指摘をした方法で刃物を機内に持ち込み犯行に及んだらしい。この事件は，顧客からの指摘に対し企業側が誠実に対応していれば防げたケースだ。

　このように，顧客の不満を上手く活用し商品改良に繋げることもできる一方
で，対応を誤れば重大な事件に発展する可能性もある。すべての意見を吸い上げ
て対応することは難しいが，まずは企業に寄せられた不満等には誠実に向き合い
ながら，SNSが発展した現代においては，情報の匿名性や拡散スピードの速さ
を踏まえてリスクを見極める「目利き」が必要なのかもしれない。

3 ガバナンス・管理体制

　組織としてレピュテーショナル・リスクへ対応するためには，経営，リスク
管理，対顧客フロント・現場等各階層によって様々な対応が求められる。ここ
では一般的な管理体制を検討した後に，組織の構成に応じて，①経営層の役割
のほか，②3線管理（Three line Defense）として1線（現場），2線（リス
ク管理部門），3線（監査部門）の主な役割期待や，③管理体制として組織の
構成員以外の関係者として国内外子会社，外部委託先への対応を検討する。ま
た，組織の構成上，どのように上位の経営層にエスカレーションしていくかを
見るうえで，**図表2−5**として一般的な会議体の構成を検討する。

1　管理体制

　組織の管理体制を構築すること自体が経営層の役割ではあるが，ここでは
いったんレピュテーショナル・リスク管理の仕組みと別に整理する。まず，通
常のガバナンス体制が既に組織で構築されている前提で，どのようにレピュ
テーショナル・リスク管理の態勢を導入するかという目線で考える。一般的に
は取締役会，理事会等を組織の監督の最上位の会議体として考えると，経営実
務を執行する最高機関としては，経営会議が考えられる（**図表2−5**）。レ
ピュテーショナル・リスクは経営執行における大きな課題であることから通常
は経営会議の下に権限委譲された会議体の設定が考えられる。現状でもサステ
ナブル委員会，IT委員会等の重点課題分野もしくは専門分野において，各テー
マの委員会が定期的に開催されていることが多い。望ましい姿としては，レ

図表2−5 本書における会議体の構成図

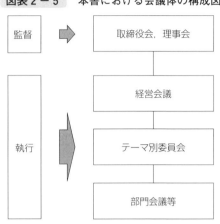

ピュテーショナル・リスク管理が一般化し，経営会議で活発な議論が行われる
ことも考えられるが，組織へのレピュテーショナル・リスクの管理導入の際は
意識醸成のためにもレピュテーショナル・リスク委員会をテーマ別委員会とし
て設置することが考えられる。レピュテーショナル・リスク委員会での議論内
容については，現状の組織の内部事象で課題となっていることに留まらず，外
部事象で内部にも発生の蓋然性がある事象についてもカバーし，外部事象を参
考にして考えられうる組織への影響等も検討する必要がある。レピュテーショ
ナル・リスクは予兆管理が難しいリスクではあるが，外部事象を参考に将来発
生しうる事象の予知として，情報への感度を高めて議論することが想定される。
テーマ別の専門委員会で生じる良くない例として，例えばIT関連の会議では
IT部門の担当役員と社長のみの議論の場となり，他の部門を担当する役員が
議論に参加しないということがある。レピュテーショナル・リスクは，本来，
あらゆる部門に関連する複合リスクとして，幅広い部署が関与すべきものであ
り，特定の部門や，リスク管理部門のみが関与するのではなく，会議参加者の
すべてが当事者意識を持ち議論する必要がある。レピュテーションへのリスク
感度を高めるという意味では，リスクカルチャーの醸成という要素もあり，リ
スクカルチャーとともに，組織としてのブランド・レピュテーションのあり方

を検討することも組織内の意識を高める有用な方策の1つだ。

2　経営層の役割

　経営層の役割には監督と執行の2つがある。監督側としては，一般的に取締役や理事を想定し，執行の管理態勢を監督し，体制整備や組織を最終的に確認する職責を担うものとする。一方，執行としての経営層の役割としては前述の組織としての仕組みを実装し，そのうえで実際の運営としてレピュテーショナル・リスクへの感度の高い文化の醸成，人材育成施策及び評価やインセンティブの設定等を主導的に実施していくことが考えられる。さらには，第5章で検討するアペタイトへの反映についても経営層の役割の1つだ。

3　3線管理における役割

　一般的なリスク管理体制として3線管理の枠組みに基づいてレピュテーショナル・リスクを管理することが考えられる。レピュテーショナル・リスクは複合リスクのため，特定の専門部署で管理するリスクではなく，複数の組織構成員による役職に応じた管理が必要である。これは，既存のオペレーショナル・リスク管理と似た要素も多いことに留意が必要だ。

⑴　1線における役割

　1線は，預金業務も融資業務も対顧客に直接向き合う営業職員が管理主体であり，また，市場に相対するマーケットフロントもこれに含まれ，これらの主体が第一防御線としてレピュテーショナル・リスクを管理することが期待される。直に顧客やマーケットの噂などを拾えるところであり，レピュテーショナル・リスク管理では，リスクの認識という面で大きな役割を果たす。レピュテーショナル・リスクは早期発見，早期対応が特に必要な性質を考えると一層重要な役割だ。しかしながら，他のリスク管理での1線の役割と同様に，リスク管理はある程度専門知識が必要なため，1線でのリスク管理には限界がある。例えば，ITに関するリスク管理を1線に過度に求めるには限界がある。レピュ

テーショナル・リスクの場合は，専門性というよりも，どういう切り口で顧客やマーケットの情報を見るとリスクとなるかという視点や気づきが何より重要だ。ステークホルダーごとに関心も異なるので，1線の部署が関係するようなステークホルダーの関心の目線等は，2線が専門性を発揮して積極的に情報提供し，管理の水準維持の観点からもルールや規定等に落とし込んで勉強会などを開催してリスク認識水準の確保を図る必要があろう。

　また，逆に，直接，顧客やマーケットに相対するため，1線の職員の行動等がレピュテーショナル・リスクを孕んでいる面もある。これには，1線職員の法令違反，コード・オブ・コンダクト違反，コンプライアンス違反，Fiduciary duty違反等他のリスクと結びつきながら，レピュテーション毀損によりレピュテーショナル・リスクが拡大していくような場合もあろう。1線の情報管理規定や，他リスク管理規定に付随する形で，派生的に発生するレピュテーショナル・リスクに留意する必要がある。

　1線でのレピュテーショナル・リスク管理は，1線の人員の多さと，複合リスクとしてのレピュテーショナル・リスクの広がりを考えると，いわば，リスクカルチャーという形で全職員が自分の金融機関のカルチャーとして根付くものという当事者意識をもって臨む必要があるかもしれない。この点では，第5章で検討するRAFに基づく管理とも親和性がある要素といえる。

⑵　2線における役割

　2線の役割については，統合リスク管理部門，オペレーショナル・リスク管理部門，信用リスク管理部門，ITリスク部門，人材リスク管理部門の他，組織によっては1.5線と定義している1線内にあるリスク管理部門も含めて検討する。レピュテーショナル・リスク管理部門については，その専門性に着目すると，専門部門を組成することも考えられるが，一般には，複合リスクである点を考慮して，組織へのレピュテーショナル・リスク導入時には統合リスク管理部門が他リスク全般との関係も考慮しながら，中心的な役割を担うのが合理的であると考えられる。統合リスク管理部門はその名のとおり，各リスク管理

部門と情報共有，コミュニケーションを円滑に実施し統合的に管理している役割期待があるとみられるが，レピュテーショナル・リスク管理の側面から見るとさらに対応事項が発生するものと考えられる。

　まず，複合リスクであるがゆえに，各リスク管理部門所管のリスク区分以外への当事者意識が希薄となり専門部署へ任せておけばいいとの考えに陥りやすい。確かに信用リスクや市場性リスク，流動性リスクはその管理の内容から専門部門で完結している場合が多いが，オペレーショナル・リスクや，さらには今回の焦点であるレピュテーショナル・リスクは専門部門でのみで対応が完結するものではなく，各リスクから連鎖，派生することを念頭にサイロ型リスク管理の発想からの脱却が必要である。

　また，レピュテーショナル・リスク管理部門は内部情報の収集，集約とともに外部情報の断続的な収集を基に，リスクシナリオ作成への想像力，発生事象の研究，損失の具体的・定量的な影響のフィードバックを組織に還元する必要がある。レピュテーショナル・リスクへの具体的な対応としては，発生時の対応に時間的な余裕がないため，経営層，各階層の意思決定者へのクロスロード型訓練を実施することも有効であろう。一般的にはクロスロードとは地震等の災害時の意思決定において，どちらを選んでも必ず犠牲が発生するジレンマとなる行動を制限時間内というストレス下で決定するというものである。通常の業務では業務時間内にインシデントが発生し合議のうえで組織の意思決定を行うが，レピュテーショナル・リスク発生時には業務時間外，会議体メンバーが揃わない，合議する時間と迅速な公表を天秤にかける必要があるということも想定できる。また，インシデント対応のように通常の意思決定ではなく，例えばトップダウンで意思決定が可能なインシデント組織を導入から含めて検討することも必要だろう。

　最近ではオペレーショナル・レジリエンスとしてCOVID-19等のパンデミック・リスクが生じた場合でもレジリエントな（柔軟な）対応が求められているが，レピュテーショナル・リスクもまさに，対応時間に限りがある中，レジリエントな対応が求められるリスクといえる。そのため，2線部署は，レジリエ

ントな対応を考えるという点でも専門性を発揮すべきである。

(3) 3線における役割

　3線である監査部門においては通常の準拠型監査の範囲を拡大するとともにガバナンス監査として経営層とコミュニケーションを取り，"audit" から "consulting" も求められる。準拠型監査については実際に起きたレピュテーショナル・リスク管理の対応について事前に想定可能なものであれば整備体制がどのようになっていたのか，実際にそのとおりの対応はできたのかを監査によって確認する必要がある。ガバナンス監査については通常の監査業務とは大きく異なる。プリンシプルベースとして準拠型，形式監査から外部環境を踏まえた予知助言を経営層へ実施することを目的とする。しかしながら，経営層への助言，提言となると人材不足が懸念されるほか，最近の情報テクノロジーの進化で問題となるレピュテーショナル・リスクもあることから，監査人の高齢化とともに最新事象を補足できる年齢層の監査人の育成が課題となろう。

(4) 国内外子会社，外部委託先

　国内子会社については，経営会議資料のモニタリング，子会社の所管部署の設定，断続的なコミュニケーション，子会社間の横串管理等を既存のリスク管理の枠組みの中で実施しているものと考えられる。レピュテーショナル・リスク管理では，レピュテーショナル・リスクの伝播の速さ，レジリエントな対応の必要性などの特徴を考える必要がある。機微に応じた対応という点では，子会社内で完結するレピュテーショナル・リスク管理の枠組を実装し，これをあらかじめ親会社がグループ全体の平仄や子会社のビジネスプロファイルに応じて妥当性を検証しておく，ということになろう。さらに，事後的な対応という点では，グループ会社連携による，親会社主催のレピュテーショナル委員会・連絡会などにより情報交換や事後対応の検証なども実施することが考えられる。グループ会社内のエスカレーションという点では，第4章の議論を参照されたい。

　海外子会社については，国内の国際部門がとりまとめることも考えられるが，その場合であっても，海外のステークホルダーの関心は国内と異なる可能性に十分配慮しつつ，現地文化（人種，宗教，歴史認識等も含め）を認識したうえで，情報収集，管理の実施が必要になる。

　外部委託先については管理という目線では委託先とサービス利用先と考える必要があるだろう。委託先については特に拡散スピードの速いIT，管理のしにくい再々委託先の偽装請負を含めて検討する必要がある。サービス利用先については交渉できるかどうかの前提から検討する必要がある。この点については，一般にサードパーティリスク管理と関係しよう。詳細は，第6章①でさらに踏み込んだ検討を実施するので参照されたい。

　以上，レピュテーショナル・リスクの特徴を踏まえて，レピュテーショナル・リスク管理の新たな管理枠組みについてみたが，次章では，レピュテーショナル・リスク管理の実務で最も課題となる予兆管理・管理手法について，いくつかのアプローチを紹介しながら適切な手法を探る。

◆　コラム5　うわべだけの環境対応にご用心

　企業はレピュテーション向上のために環境に配慮した行動が求められる一方で，「グリーンウォッシュ（Greenwash）」という概念が生まれており，注意が必要だ。グリーンウォッシュとは，英語で「うわべだけ」とか「ごまかす」を意味する「Whitewash」に，環境に優しいという意味がある「Green」を組み合わせた造語である。つまり，実際には環境に配慮していないにもかかわらず，うわべだけを取り繕って環境に良いと見せかける行為のことだ。

　2022年5月，欧州銀行傘下の運用会社はグリーンウォッシュの疑いがあるとして，欧州当局によって家宅捜索を受けた。これは元CSOによる，同社の数千億円ユーロ相当の資産がESGに配慮した商品と偽って販売されているという告発を受けてのことであり，欧州銀行の事務所にも家宅捜索が行われた。最終的に150万ドルの制裁金が課され，同年6月には最高責任者は辞任を表明した。投資家が実際に損失を被ったわけではないが，偽のグリーンのラベルを張ったことそ

のものが非難され，巨額の制裁金とトップの辞任につながったことになる。今後，自然資本等グリーンだけではなく，ブルーのラベルの張り違い（Bluewash?）等も出るかもしれず，企業は様々な基準・スタンダードに目配りが必要だ。

第3章

予兆管理・管理手法

第3章では，レピュテーショナル・リスク管理の実務にかかる管理手法について解説していく。定量化が困難といわれているレピュテーショナル・リスクについて，定性的管理と定量的管理の違いを検討したうえで，まずは，予兆管理について，他の外部事象を参考にするケースやAIを活用したテキストマイニング等の方法を考える。定量的な手法としては，オペレーショナル・リスクの先進手法の内部管理への活用という観点からレピュテーショナル・リスク　VaRを検討した後に，他のKPIについても検討する。さらに外部のレピュテーション評価機関を活用した手法も検討する。

1 管理手法・予兆管理の概要

1 定性的管理と定量的管理

　レピュテーショナル・リスクの状況をモニタリングする際には，メディアの報道における自社の不芳記事等の状況についてモニタリングすることが一般的である。これは，実際に報道されている内容が事実か誤りかを問わず，不芳記事等が広くステークホルダーに伝わることで，自社に対するロイヤルティを低下させる事態を懸念しているものである。こうした記事等の管理については，定性的に行われることが多い。単純に「主要紙における自社不芳記事　計〇ページ」という形で定量化することも可能であるが，その記事の中身の重要度・影響度を考慮すべきであるという意見が社内から出てくるだろう。そうした議論が想定されることから，基本的にテーマないし案件別に記事の内容・拡大状況や具体的な影響を定性的に記載したフォーマットで定期報告が行われるようになる。

　一方で，定量的な管理指標が無いわけではない。上記の例でいうと，メディア数，記事の長さ，重要度の段階評価などを組み合わせることにより，相対的な変化を客観的に示すために，定量的管理を行う例もある。また，顧客の評価という観点では，顧客の声を分類し，重大な苦情の件数がどのように推移しているかをモニタリングすることも行われている。こうした定量指標を用いるメリットは，状況の悪化・改善がわかりやすい点にある。過去との比較において，今回対象となる事象がどの程度深刻か，また対応策の効果が出ているのかなど，数値的に示すことで経営陣の間でも認識離齬が生じる可能性が低下するものと考えられる。

2 レピュテーションの特徴と既存の管理手法の課題

　上記の指標は，基本的にリスクが実際に発生した状況を捉えているものとい

える。実際に報道が拡大してからどのような対応を取るべきか社内で議論していると，その間に顧客の印象が悪化していく可能性もある。モニタリングの対象範囲が基本的に新聞主要紙・週刊誌・TV報道等に限られていた時代は，まだこうした対応でもどうにかなった部分はあったであろう。他方で，インターネット・SNSが普及した現在では，悪評を含めて情報は一瞬にして拡散する。こうした中では，企業にはより迅速な反応が求められるようになっている。

　ここでまず問題となるのは，何をモニタリングすべき対象とするかである。既存メディアだけでなくSNSや掲示板まで対象を拡大するべきかに悩む企業は多い。昨今の状況を踏まえると，SNS等でまず「炎上」し，その影響が収まらない状況で，主要メディアがそれを紹介する，という流れもある。対処すべき悪評が拡大する端緒を漏れなく迅速につかむことと，それにかけられるリソースのバランスを取ることが課題といえる。

　次に，企業はそうしたプレッシャーにどのように対処するかという観点では，反応速度を上げることに取り組む例が多い。例えば，「どのような場合に（報告基準），どこに（所管部署・関連部署），どのようなフォーマットで」報告を行うか，報告が行われたらどのようなステップで対処を調整するかについて，体系的に整理して規程に落とし込む。いざ管理指標が動いたときにはその流れに沿って極力素早く対応することで，悪評の拡大を防ごうという意図である。

　ただし，こうした管理には限界もある。企業規模が拡大していくと関連部署や関係者が増加していき，結果的に対応策決定までのプロセスも複雑化する傾向がある。それに比例して，企業としての反応速度も低下していくことになる。

　最後に，何かが起こる前に，その原因となる事象に対処できないかという予兆管理の視点も出てくる。リスクが発生するまでの波及経路を明らかにすることで，リスクシナリオが実現に向かっているのかを把握することができ，対応の準備も可能となる。

　もっとも，前述のとおり，レピュテーションは様々な要因から影響を受ける。リスク事象が発生するまでの経路は無数にある。また，レピュテーショナル・リスクは複合リスクといわれるが，通常の企業活動の中での行動が原因となっ

て，悪評につながるケースも多いと考えられる。つまり，対応はメディアを常にモニタリングしている部署だけではなく，事業部門を管理している部署の協力が必要となることも多い。無数にある経路をモニタリングし，関連部署に対応を促すことは現実的に不可能といえる。こうした中で，企業はどのような点に注目し，どのような対応を行っていくかということを考えてみたい。

3　今後の管理手法の方向性

　以上の議論のように，企業がモニタリングすべき対象はこれまでの新聞主要紙，週刊誌・TV報道にとどまらず，SNSなども対象とすることが求められている。その中で，自社のリソースを踏まえながら，過度にコストをかけない範囲で効率的なモニタリング対象をどのように設定するか試行錯誤しながら調整していくことが必要となる。

　また，対応策の策定にあたっては，機械的かつ一律の関連部署協議ではなく，必要に応じてレピュテーショナル・リスク主管部署が，協議の対象範囲をコントロールしつつなるべく迅速に経営陣と対応を協議できるような態勢を構築することが求められる。それには，レピュテーショナル・リスクの主管部署と，業務実施部門とのコミュニケーションが平時からなされていることが重要である。

　経路が無数にあることについては，自社にとって重要な経路は何かを考えることで，ある程度網羅性へのこだわりは諦めるという判断を取らざるをえないと考えられる。そのうえで，自社にとって重要な経路を特定するための考え方やプロセスの整理を行うことが有用となろう。

　さらに対応策を検討する際に共通する課題であるが，どの程度のコストをかけてリスクを減らす取組みを行ってよいかの判断がつきづらい点も留意が必要である。最悪のケースの影響がどの程度の大きさか，対応策の効果がどの程度見込めるのか，という情報がないと経営陣が判断することは困難である。レピュテーショナル・リスクの定量化は，現状において洗練され一般化された手法があるわけではないが，難しいということをもってこの取組みが放棄される

べきではないといえる。

2　予兆管理　他外部事象の活用

1　外部事象の収集

　経路が無数にあるなかで，どのような経路が優先されるべきなのかという問いに対する1つの回答が，既存の事例を見ることである。実際に発生しているため，発生する蓋然性が高いと説明できることがメリットである。また，他社で既に問題となり，課題が認識されているなかで自社が対処に失敗することは，経営陣の責任問題ともなりうるからである。つまり，経営にとって「想定外であった」とはいいづらい事例が，外部で実際に発生した事象である。

　では，外部事象を収集する方法にはどのようなものがあるか。1つは，国内外のメディアで報道された他社（企業に限らない）の不芳事例を収集することである。ただやみくもに事例を拾うのではなく，発生した事象を一定のパターンに沿って分類してみるのも参考になるかもしれない。

　金融業界ではオペレーショナル・リスクの管理として，外部損失データと内部損失データの両方を用いてリスクの大きさを考えるアプローチがある。外部損失データについては，ベンダー等から有料で購入できるものもあるので，そうした対応も検討の余地がある。もっとも，オペレーショナル・リスクとして把握すべき事象がレピュテーショナル・リスク管理の観点からも同様に重要であるとは限らないという点には留意が必要だろう。

　さらに，メディア等で集められる件数には限りもある。レピュテーショナル・リスクに係る事象は全てが公表されているものばかりではない。こうした難点を補う観点から，SNS等に広げた対象をテクノロジーの力を使いながら効率的に情報収集することも検討されている（③も参照）。

　いずれにしても，網羅性の確保は大変難易度の高い取組みであるため，あまり細部に拘泥するのではなく，重要なものから対処する，という意識を持つこ

とが肝要である。

2　コントロールの確認

　収集した事象をもとに，担当部署は自社にとってより示唆があると考えられるものを選び出す。その事例をもとに，自社のコントロールの確認を行うのが次の作業となる。つまり，同様のイベントが自社で発生した場合に自社のコントロールが機能するかをより詳細に確認するというステップである。他社のレピュテーション毀損の事例というと，同業のケースの中から選択する傾向があると考えられるが，仮に同業者であったとしても自社と他社の管理態勢には，良い点・悪い点を含め差異が存在すると考えられる。それを踏まえて自社の管理態勢の改めるべき点を明らかにしていき，未然防止につなげていくことになる。

　自社のレピュテーショナル・リスク管理態勢は，大きくは内部管理と外部への対応に分かれる。こうした背景から，自社の管理については業務部門と，外部への対応については広報部門等と協働した分析を行うことが考えられる。

　特に内部管理については，現状の管理枠組みで当該事象を防止できたかを検討する際に，実効性をどこまで見に行くかという点が悩ましいポイントである。コントロールの十分性を定性的に議論することは難しい。また，外部事例にかかる報道等で当該企業の管理態勢がどの程度機能していたのかを知ることも容易ではない。こうした点については，他社事例でレピュテーショナル・リスクが顕在化するまでの流れをフロー図で整理したうえ，その経路に対応する内部管理枠組みが複数存在するかという点で検証することが現実的と考えられる。また，「2重3重のチェックをする形式となっているが，結局は同一の担当者が実施することにしていたため，その人物の業務多忙により形骸化した」というケースのように，単一の理由で崩壊する枠組みがないかという点も一般的な検証項目となると考えられる。もっとも，すべてシステム上の防御や複数人のチェックがないので問題あり，としてしまうと議論が停滞しかねない。軽重の判断も必要となる。

　内部管理について分析する際には，レピュテーショナル・リスクの特性を踏まえ，既存の社内ルールに合致しているかどうかではなく，ステークホルダーが自社にどのような期待を持っているかを改めて意識することが重要である。そのうえで，内部管理上で追加のリスク軽減策が必要な場合は，各対応策の想定効果とコストをそれぞれ勘案したうえで，候補の中から選定していくことになる。

　外部への発信も重要だが，その際もステークホルダーが自社に求めるものが変化していないか，という観点で発信方法や内容を検討することとなる。仮に事実と異なる事象に対して，正確な情報を発信しようとしただけであっても，論点が認識できていないと効果的な発信をできないばかりか，逆効果となる可能性もある。そして，インターネットでの匿名による発信もレピュテーション上の関心事となる昨今では，虚偽情報の拡散に毅然とした対応をとることも検討に値する。そもそも対象者を特定できるのか，実際にどの程度の損害を被ったのかなど，賠償を求める観点では訴訟はコストに見合わない可能性がある。そうであっても，自社のレピュテーションを毀損しないように真摯に振舞っているというメッセージを株主・従業員に対して示す観点も考慮して対応に踏み切るという判断もあるだろう。

3　意義と課題

　外部事象を用いる意義は，やはり他社ではあるが実際に起きた事象であり，具体的かつ現実的なシナリオとして捉えることができる点にあるといえる。自社の管理態勢を検証するためには，表面化した事象だけでなく，そこにたどり着く経路が一定程度現実感のあるものでなければならない。当該企業による発表，報道，場合によっては行政や第三者委員会のようなところから，レピュテーションを毀損させる事象を発生させるに至った経緯や原因を集めることにより，より精緻な描写を想定することができる。

　また，シナリオ分析において，例えば「隕石衝突シナリオ」のように，発生しないとはいえないが，それを前提に完璧な対策を取るとすると通常のビジネ

スは成立しないような非現実的なシナリオを設定したとしても，経営への示唆が得られない。非財務リスクについて一般的にシナリオ分析の手法を用いることはあるものの，経営陣から「こんなシナリオは起こり得ない」，「著しく蓋然性が低く検討するに値しない」というコメントを受けて困っているという声を聞くこともある。実際に発生した事象であれば，少なくとも自社のビジネスや管理態勢を踏まえたうえで，本当に「自社においては」発生しないものかを検討すべき，という説明ができる点は大きな意味がある。

　もっとも，このアプローチには課題もある。まず，他社の事例なら何でもよいという訳ではない。いくら世間の耳目を集める事案であったとしても，ビジネスプロファイルなどが大きく異なるケースでは，当該他社事例を用いて自社状況の分析を行ったとしても，多くの示唆は得られないであろう。ビジネスの構造が違えば，リスク事象が発生するまでの影響経路が異なることもあり，事例の種類によっては仮想シナリオと現実感の面において大きく違わないものとなる。このように，レピュテーションの観点から注目されている他社事例はいくらか見つけることができても，定期的に参考とすべき他社事例が入手できるわけではない点がこのアプローチだけに頼ることの問題点でもある。後述するKPIなどと合わせて総合的に管理態勢の高度化を図っていくことが望ましいといえる。

3　テキストマイニング

1　手法

　次に，レピュテーショナル・リスクの予兆管理の手法として考えられるのが最近のAIを活用したkey word検索によるテキストマイニングだ（**図表3－1**）。これは，過去のレピュテーショナル損失事象からその前に起きたニュース等を検索することで（例えば，損失事象が起きる6か月前に頻繁に使われている言語），関連する言語を抽出し，AIにより関係性をスコア化することだ。検索に

かける言語はニュースだけではなく，営業日誌など内部情報を活用する方法も
ある。本来は，こうした営業日誌などの内部情報を基に，行員やディーラーの
不芳行為や，取引先の倒産の予兆を見るために開発されたものだ。

　ニュース検索で行う場合を考えると，まず，過去の検索にかけるkey word
を設定する必要がある。他企業のレピュテーショナル損失事象の記事を参考に
key wordを抽出し，予兆管理として妥当かどうか確認が必要である。レピュ
テーショナル・リスクは複合リスクであるため，純粋にレピュテーショナル・
リスクと関連する言語を抽出するのは難しいと考えられ，例えば，倒産等信用
リスクと関係する言葉や，パワーハラスメント等コンプライアンス・リスクと
関係する言葉など幅広く入口の検索では設定する必要があると考えられる。

　入口で検索した言語をニュース検索でため込んだ後は，相互の言語の関連性
を回帰分析のようなイメージでAIが関連性を判断する作業となる。対象とな

図表3－1　テキストマイニングの活用

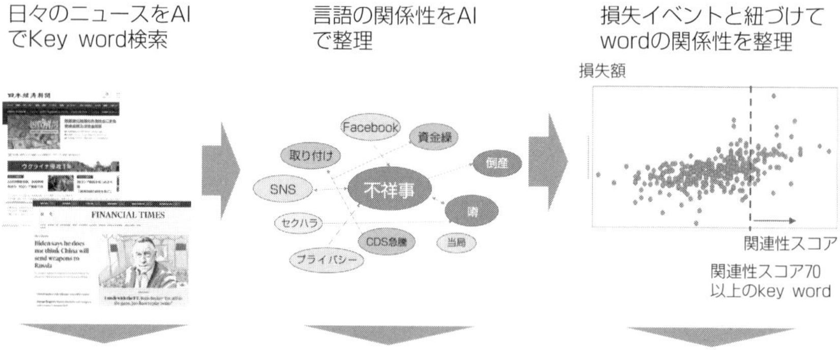

日々のニュースをAI
でKey word検索

言語の関係性をAI
で整理

損失イベントと紐づけて
wordの関係性を整理

【Key Word の例】
不祥事
SNS
倒産
噂
パワハラ・セクハラ
等

●Key Wordとその
周辺の言語の関係
性をAIで計量し関
係性をスコア化
●関係性を見るうえ
ではkey wordが生
じる前の6か月に
頻繁に使われてい
たwordなどの設定
も可能

●特定イベントに関連
するkey wordと当
該イベントの損失額
をプロット
●レピュテーション・
リスクで損害が大き
いイベントが生じる
6か月前に頻繁に使
用されたwordが抽
出可能

る言語（被説明変数）がそれと関係する言語（説明変数）との関係を判断するうえで，3か月や6か月など時間を置くことで予兆分析となる。例えば，対象となる言語が使われる6か月前に頻繁に使われた言語が何かわかる仕組みだ。特定イベントを考えれば，そのイベントに関する損失額は推計も含めて算出される前提で，そのイベントで使われた言語が何で，その言語と関連して6か月前に頻繁に使われた言語が何か推計できる仕組みだ。

2 活用方法

特に過去のイベントもしくは外部のイベント（例えば，SVBのケース）で損失額の大きいもので，ニュースに使われた言語は何で，その言語と関係が深い言語でイベントの6か月前に使用された言語が特定できる。そうした言語が頻繁に使われている取引先や関係先の動向を注意して見ることができ，予兆管理として活用される。素早い対応が必要なSNSでは意外な言葉から噂が広まる可能性もあり，恣意性を排除したAIによる関係性判定は案外役に立つかもしれない。ただし，レピュテーショナル・リスクは原因行為と結果として生じた損失の間の因果関係の判断が難しいという一面もあり，何度か設定した入口のword検索とその関連性wordの結果にはリスク管理部署が人間の目でみて一般的な感覚と合うものかどうか確認しながら進める必要がある。

また，これは別の視点ではあるが，リスク事象だけではなく，ブランドイメージや顧客満足度が上がるポジティブな兆候も拾えるとマーケティング戦略に活用できる余地があることも留意すべきだ。どのような言葉が増えると顧客満足度が上がるか，ブランドイメージ調査のスコアが上がるか，AIの客観的な判断を見てみるのもこれまでのマーケティング戦略の考え方に一石を投じることになるものと考える。

3 意義と課題

テキストマイニング活用の意義としては，AIの活用により，人間の目では負えない膨大な情報を効率的に処理し，客観的に判断可能なことだ。また，専

門家のエキスパートジャッジに頼ってきた部分のプロセスを透明化する意義も
あろう。ただし，課題としては，key wordとイベントの関係で有意な予兆と
なるかどうか，トライしてみないと不透明な点だ。例えば，悪評，噂話など誰
もが想像つく予兆wordとなる可能性もあり，これを特定の損失イベントと紐
づけて関連性を論じるのは困難なことも予想される。倒産事象など何がきっか
けでイベントが起きたかを予想しやすいものもあるが，レピュテーショナル・
リスクは原因行為と損失として生じる結果の因果関係の説明が困難な面もあり，
AIで抽出した関連性をどのようにリスク管理部署が判断するか，いわゆるエ
キスパートジャッジに頼る面は引き続き大きそうである。そのためにもレピュ
テーショナル・リスクの関係リスク所管部は，数多くの過去のレピュテーショ
ナル・イベントに精通する必要がある。

4 レピュテーショナル・リスク　VaR

　次の定量化手法はレピュテーショナル・リスク　VaRである。これはオペ
レーショナル・リスクのバーゼル委の手法である先進手法（Advanced
Measurement Approaches）に従った計量手法だ。しかしながら，バーゼルⅡ
でレピュテーショナル・リスクは計量が困難なうえ，原因行為と損失の因果関
係も困難とされたことからオペレーショナル・リスクの計量対象から除かれた
ように，計量のベースとなる損失事象のサンプルの頻度と損失額の推計では課
題もある。また，バーゼルⅢでは，先進手法そのものが各行で手法のばらつき
があるということで2023年3月末以降は標準的計測手法（SMA=Standardized
Measurement Approach）に一本化された。

　ただし，「健全なオペレーショナル・リスク管理のための諸原則の改訂」
（バーゼル委，2021年3月）でも明記されているとおり，「リスクの特定と評
価」では，内部管理手法としてのシナリオ分析等（低頻度，重要度の高いイベ
ント）は推奨されているため，レピュテーショナル・リスク　VaRによるリス
ク定量化も監督当局の期待に沿うものと考える。少なくとも，先進手法の問題

点を十分確認したうえで内部管理の高度化に活用することは当局として排除していないものと考える。

1　手法

　レピュテーショナル・リスク　VaRはオペレーショナル・リスクの先進手法をレピュテーショナル・リスクに適用したものである（**図表3-2**）。

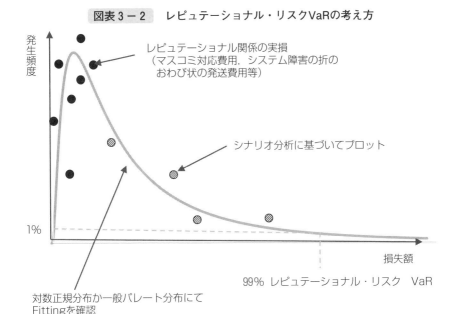

図表3-2　レピュテーショナル・リスクVaRの考え方

発生頻度

レピュテーショナル関係の実損
（マスコミ対応費用，システム障害の折のおわび状の発送費用等）

シナリオ分析に基づいてプロット

1%

損失額

99% レピュテーショナル・リスク　VaR

対数正規分布か一般パレート分布にて
Fittingを確認

　まず，これまでのレピュテーショナル関係の内部損失事象を整理し，これを頻度と損失額で整理する（**図表3-3**）。これには，不祥事が起きた際のマスコミ対応費用，SNSでの噂が基になったインシデントであればSNSの調査費用等が考えられる。いずれにせよ，過去のレピュテーショナル関係の実際の損失は多頻度，少額損失と予想されるので，**図表3-2**でも内部損失は左上にプロットされると考えている。なお，発生頻度は1年に何回起きるかという単位で考える。例えば，過去5年のデータで同じインシデントが2回あったとした

図表3-3　レピュテーショナル・リスク　VaRの計量手順

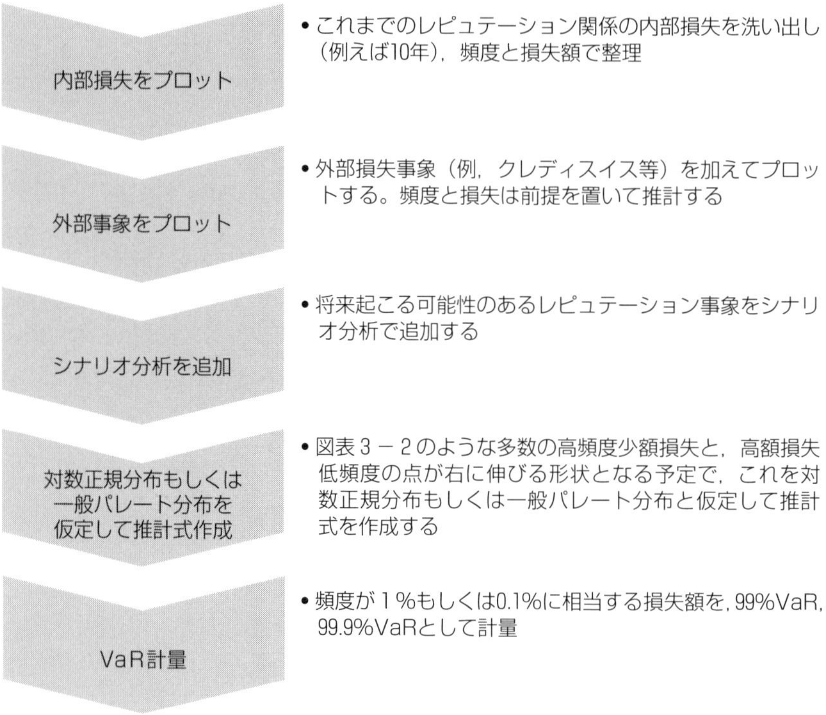

内部損失をプロット	• これまでのレピュテーション関係の内部損失を洗い出し（例えば10年），頻度と損失額で整理
外部事象をプロット	• 外部損失事象（例，クレディスイス等）を加えてプロットする。頻度と損失は前提を置いて推計する
シナリオ分析を追加	• 将来起こる可能性のあるレピュテーション事象をシナリオ分析で追加する
対数正規分布もしくは一般パレート分布を仮定して推計式作成	• 図表3-2のような多数の高頻度少額損失と，高額損失低頻度の点が右に伸びる形状となる予定で，これを対数正規分布もしくは一般パレート分布と仮定して推計式を作成する
VaR計量	• 頻度が1％もしくは0.1％に相当する損失額を，99％VaR，99.9％VaRとして計量

ら年0.4回となる。

　さらにこのプロットに外部事象のインシデントを加える。例えばSVBのようなケースだ。ここでレピュテーショナル・リスクの頻度と損失額をどう評価するかが問題となる。頻度は過去10年くらいを見て同じようなケースが何件あったかということで決定する。レピュテーションのデータは公表されている損失データに限りがあるが，これは止むを得ないため，公表されているデータを整理して頻度を考える。次に損失額は，公表されている場合はこれを使うが，損失額が不明な場合は，イベント公表からの株価下落，利益下落，純資産下落等で推計する他はない。なお，単純な株価下落ではなく，ポートフォリオベンチ

マーク対比（CAPM等により市場ポートフォリオの株価変動分を差し引いて純粋にイベントのみの価格変動を求めるイメージ）の相対価格下落に，イベントの市場への影響を仮定して推計する方法もある（**図表3－4**参照）。いずれにせよ，全て同じ方法で損失額を計量し，これをプロットする。

　さらに，そのうえで，フォワードルッキングな要素を取り入れるという意味で，シナリオ分析に基づいて将来予想されるレピュテーショナル・リスクインシデントを織り込むことも可能だ。

　上記の点をプロットすると，通常のオペレーショナル・リスクで推計するのと同じように高頻度少額損失の塊と，高額損失低頻度の点が右に伸びていくような分布となる（**図表3－2**）。これを，オペレーショナル・リスクの推計と同様に，対数正規分布，もしくは一般パレート分布を仮定して，あてはまりがいいほうのパラメーターを採用し推計式が完成する。頻度が1％もしくは0.1％の損失額相当を，99% VaR，99.9%VaRとして計量するイメージである。

図表3－4　レピュテーションインシデントの損失額推計例

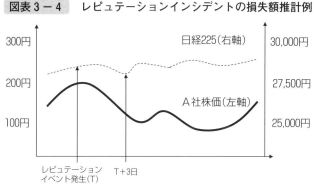

●レピュテーションイベント発生後3日間までは株価に影響ありと仮定
●その間株式市場全体の動き（日経225）として下落している場合もありこれを除外
●CAPM（資本資産価格モデル）によりA社の株価を推計
　株式期待収益率＝10年もの国債利回り【リスクフリーレート】
　　＋　A社株価の日経225への感応度【ベータ】　X　（日経225の利回り【ポートフォリオリターン】－10年もの国債利回り【リスクフリーレート】）
●CAPMにより推計したA社の株価と実際のA社の株価の差に発行済株式数を乗じて3日間の累積損失額を計算

2 活用方法

　計量したレピュテーショナル・リスク　VaRは，オペレーショナル・リスクの先進手法と同様に，計量したVaRの数値をフロント部門ごとに還元し，イベント防止策・コントロールを促すことになる。レピュテーションなので防止策は難しいところだが，勉強会の開催や外部事例の共有などが考えられよう。フロント部門の防止策・コントロールをレビューし，リスク所管部が次のレピュテーショナル・リスク　VaRを計量する際には，シナリオ頻度に反映することで，VaRが数値として減ることになる。この数字をフロント部門に還元することで，フロント部門の削減インセンティブが高まることにより，いわゆる「ユーステスト」が有効に機能することになる。

　なお，オペレーショナル・リスクのVaR値と同様に，内部管理上，レピュテーショナル・リスク　VaRの値をキャピタル管理のフレームワークにより，信用リスク，市場リスク等とともに管理することも可能だ。その場合は，収益を生まないキャピタルとしてオペレーショナル・リスクと同じような扱いとなろう。もしくはキャピタルのバッファーの範囲内にレピュテーショナル・リスク　VaRの値が収まっていることを確認し，レピュテーション事象が発生しても経済資本で十分に損失吸収が可能なことを示す方法もある。フロント部門のVaR削減インセンティブのためにはフロント部門ごとに配賦するのが望ましいが，レピュテーショナルイベントは全社的なものも相応にあり，キャピタルのバッファーの範囲内で考慮するというのも妥当な方法であり，フロント部門のVaR削減インセンティブをどう考えるか次第である。

　当然のことながら，キャピタル管理に組み込まずとも，定量的な指標としてKPIやアペタイトとして活用していくことは十分可能である。アペタイトとしての活用は，第5章をご参照いただきたい。

3 意義と課題

　レピュテーショナル・リスクの定量化は常に課題だが，レピュテーショナ

ル・リスク　VaR活用の意義は，オペレーショナル・リスクの先進手法適用により，方法論としては明確な形で定量的な算出が可能であり，キャピタル管理への組込み，KRIとして他リスク管理項目と同様のモニタリング，アペタイトへの組込みによる全社的な管理枠組みへの浸透等，既存の管理枠組みとの連携も可能な点だ。

　また，「ユーステスト」の枠組みでフロント部門の管理・コントロールするインセンティブが期待でき，リスクの削減につながる効果も期待できるうえ，シナリオ分析の活用により，柔軟に予兆事象を反映することも可能だ。

　ただし，課題としては，レピュテーショナル・リスクは複合リスクのため，レピュテーショナル・リスク　VaRを活用してキャピタル管理を行う場合には，他のリスクの要素も含まれる（信用，流動性等）可能性があり，重複がある可能性等に留意が必要だ。また，オペレーショナル・リスクの先進手法の一般的な課題と同様に，低頻度高額損失の事象により，VaRが大きくぶれる可能性があり，外部損失の取込みやシナリオ分析ではVaRが1つのイベント・シナリオで極端に動くかどうかSensitivity分析や挙動分析等により確認することも必要である。さらにレピュテーショナル・リスクの特徴として原因行為と損失結果への反映が議論となることもあり，どのような前提で損失が生じると考えたかのプロセスを明確にする必要がある。

　レピュテーショナル・リスク　VaRは，このように利用にあたっての留意点はいくつかあるものの，先進手法として定着した手法の援用であるため，活用余地は非常に高いといえ，今後の活用方法が注目される。

5 KPI（KRI）の設定

1　結果指標

　日頃のレピュテーショナル・リスクの管理にはやはりKPI（KRI）を設定したいという声を多く耳にする。他方で，「これだけを見ておけばよい」という

ような決定的な指標はないということは先に述べたとおりである。そこで各社は工夫を重ねてモニタリングする指標を選定している。

　基本的には自社の評判を直接観察できる結果指標がわかりやすいだろう。結果指標はそれぞれの切り口で自社の評判を直接測る。代表的なものは新聞・雑誌などで対象メディアを固定したうえで，定期的に自社の不芳記事の数をカウントする方法である。不芳記事が増えているということはメディアやひいては社会というステークホルダーの目線で自社の評判が悪化していることを示すものといえる。また，場合によってはそれを見た顧客・株式市場にとっても自社への評価を下げる影響を与えうるものである。ただし，不芳記事にも軽重があるため単純に記事を数えるのでは芸がないという意見もある。そうした企業では例えば記事のページ数とすることで調整するケースもある。これは不芳記事でも重要なものである場合は多くのページが繰り返し取られるであろうという考えに基づく。この他，個別記事を3段階で評価し，重大なものを数えることや，重要度に合わせて記事数に重みづけを行ったうえでカウントを行うことも考えられる。

　また，対象とするメディアは新聞・雑誌に限られるものではない。掲示板で記載された自社への批判が株価に影響することもあるし，企業がSNS等で発信した情報がそのまま炎上につながることもある。こうした対象も通常の状態をモニタリングしていてこそ，危機時の状況の判断が可能となる。よって近年ではこうした先をモニターしている例が出てきているほか，企業に代わり多数のSNS等をモニタリングするサービスも登場している。

　次に，リテール顧客を抱える多くの企業が既に行っている顧客満足度調査や顧客アンケートを，レピュテーショナル・リスクの観点でも評価に用いている例もある。これらはレピュテーショナル・リスク管理のためにではなく，本来はサービス向上や顧客のニーズ把握の観点で実施されているものといえる。ただし，これらの結果が，全体として悪化しているのであれば，ステークホルダー視点での自社の評判は下がっているとみることもできる。

　さらに，顧客の問い合わせ窓口への苦情件数も多く用いられる。こちらも既

にあるデータを活用するという意味では，導入コストは大きくないといえる。さらに苦情も重大苦情と軽微な苦情に分けたうえ，重大苦情数の変化を見るなどの取組みも行われている。

2　先行指標

　レピュテーショナル・リスク管理としては先行指標も重要である。指標の推移をみて態勢の改善点を考えるという目的に結果指標は活用しづらい。結果指標は基本的に事後対応と結びつきやすいものである。リスク管理の担当者としては，影響が顕在化するより前にその兆候を把握し，何らか対策につなげるフローがほしいところだ。

　1つの先行指標としては先に述べたように，他社における不芳事象が考えられる。もっとも，分類して傾向を見ることや，件数推移を分析できるほどの事例数が入手できないケースも多いため，参考事例の一覧として報告しているケースもみられる。また，特定のメディアにおいて複数のキーワードを設定し，キーワードにひっかかる報道の数を推移として見せている例もある。いずれにしても，世の中で増加傾向にあるのだから，自社のリスクの発生蓋然性も上昇しているはずであるとみることになる。その中の一部事象については，前述のとおり，詳細に内容を検証したうえで，自社の管理態勢にも課題がないか考える取組みが行われる。

　また，レピュテーションはステークホルダーの期待に反する行動（不作為を含む）を企業がとることで悪化するものでもある。その観点ではステークホルダーの期待と自社の行動とのずれがどのような部分で生じているかを見ることも重要になる。指標の例としては株価や，資金調達のための金利がリスクフリーである国債の利回りからどの程度乖離しているかなどのスプレッド指標も候補になるかもしれない。これらの指標が厳密に先行指標であるかは議論もあるが，日々モニタリングできるという意味で結果指標に比べて先行性は高いと考えられる。これらの指標が金融市場や債権者というステークホルダーの文脈で捉えられるならば，昨今のサステナビリティの注目度の高まりからは，

NGO・社会や規制当局の関心とのずれは，GHG排出量の削減が目標に合うように進んでいるかといったモニタリングの方法もあるかもしれない。

3　意義と課題

　レピュテーショナル・リスクという捉えがたいものを1つの指標として示してくれるというところに結果指標の意義がある。また，どのようなシナリオを辿ったとしても，結果として影響が表れるポイントを押さえられるという意味で，結果指標をラインナップにいれておくのは合理性がある。

　一方で，個別には難点も理解して活用する必要がある。例えばメディアが取り上げる不芳記事の増加原因は，大抵が個別事案によることが多い。そのため，推移を経営に報告すると個別不芳事象への対応という狭い議論が行われ，レピュテーショナル・リスク管理としてどのような改善策があるかという検討につながらないケースもある。また，正確性を高めようと記事に評価を付けることは，担当者の恣意性の排除，指標としての継続性をどのように担保するかという問題も同時に抱えることになる。採用する場合でもこうした課題があることは認識すべきであろう。

　顧客満足度調査の結果にはコメントや評価の理由を取得できるものも多い。低評価回答の件数推移をモニタリングすると，仮に件数が増加した場合に，どのような理由で自社の評判が悪化しているのかといった分析を行うことができ，そうした分析から自社の弱点が分かることもあると考えられる。

　もちろんこうした調査の活用にも課題はある。こうした調査のとりまとめ頻度は年1回というものも多い。これでは，状況を常にモニタリングしていることにはならず，対応が手遅れになる可能性もある。複合的にモニタリングする指標の1つとして扱うことが妥当であろう。

　さらに，先行指標に至っては，より自社に合った指標を見つけ出すことの難易度が高い。いずれにしても先行指標を選定することは非常にチャレンジングな取組みで，納得感の高い指標を選定することは各社において今後検討が進む分野といえる。試行錯誤の中で，既存の管理指標をレピュテーションの視点で

捉えなおすことを検討するなど，実効性を保ちながら自社にとって意味ある指標群を見つけていくことが求められる。

◆ コラム6 全くのデマでも油断ならない！？

　企業のレピュテーションを毀損させる要因には様々なものがある。財務状況の悪化，不法行為，従業員の不適切な言動など企業に原因があるケースが多いが，企業に何の責任もなくともレピュテーションを毀損するケースがあるのでデマにも要注意だ。

　2022年12月，Twitter上では乳製品メーカーのバター商品の画像と共に，「この有名なバター商品は，表にも裏にも書いてないけど，実は30％マーガリンが入っています。完全に騙している」という投稿がされた。付随して「乳製品メーカーは人生から排除なり」や「勇気を持ってポイしましょー！」といった不買を促す投稿もされた。当該乳製品メーカーにマーガリンが30％含まれているという根拠は示されておらず，この投稿は完全に荒唐無稽なデマであった。多くの反応はこのデマを非難するものであったが，一部では「一週間くらい前に当該乳製品メーカーのバター買ってしまった」と真に受けたものや，不買に賛同する意見もあった。乳製品メーカーはこれについて直ちに反応し，「マーガリンが入っているのはありえない」「事実無根で意図がわかりかねる内容です」と回答し，当該ツイートは削除された。

　食料品や日用品を取り扱う会社は，一般消費者のレピュテーションに晒されるため，こうしたデマも含めて真偽入り乱れた噂話に販売が左右されかねない。さらにいえば，デマを意図的にSNSに投稿するものとその株を意図的に空売りする集団が仮に結託しても，SNSの匿名性に加えて，原因行為と結果行為の因果関係が明確でないレピュテーショナル・リスクは犯罪が立証しづらい面もあると考えられる。企業が，SNSのデマに目を光らせるのはもちろんだが，犯罪行為には規制当局もきちんと対策を整備する必要があると考える。

6　レピュテーション評価機関

　⑤のKPIのうち，結果指標の1つとして，顧客満足度調査や顧客アンケートを活用する方法を検討したが，ここでは，さらに広く，どのような評価機関がレピュテーションを評価しているかの詳細を見ることで，KPIの議論の参考にされたい。また，レピュテーションとしての企業価値創出という面にもつながるものであり，第8章との関係でも参考にされたい。

1　企業ランキング

　企業のレピュテーションは様々な形でランキング化されている。例えば，東洋経済新報社は「企業好感度の高い企業トップ300社」のランキングをJNNデータバンクと協力して作成しているほか，NIKKEI FinancialのRAV調査では，地方銀行の実力とリスクを分析し，ランキング化している。さらに，『週刊ダイヤモンド』では「選別される銀行」をタイトルに，全国104行地銀の「存在価値ランキング」というようなものまで作成している。このようなランキングは，そのランキング手法にかかわらずランキング上位の企業あるいは下位の企業に関心が集まり，該当する企業のイメージを向上・悪化させ，このことはレピュテーションに大きな影響を与える。そこで，まずはこのようなランキングがどのような基準で作成されているかを見たうえで，どのようにKPIとして活用できるか検討したい。

(1)　好感度を調査したランキング

　2021年11月に発表された「企業好感度の高い企業トップ300社」のランキングでは「第77回JNNデータバンク定例全国調査」（2020年11月実施）を基に，日本人になじみのある企業・ブランドについて，「好感を持っている」と回答した割合を「好感度」とし上位300社を発表している。同調査は，TBSテレビをキー局とする全国28社のテレビ局（JNN系列）が1971年から毎年共同で行っ

ているライフスタイル調査である。調査対象は13〜69歳の男女7,400人で，訪問留置法という，調査員が対象者宅を訪問し，アンケートの記入依頼を行い，後日回収する調査方法を用いている。ランキング上位企業を見てみると，一般消費者をビジネスターゲットとし，かつ衣食住と密にかかわるサービスを提供している企業がランクインしていることがわかる。これは同調査の調査方法から，よく利用するサービスを提供している企業が選ばれやすく，金融機関などは選ばれづらいという特徴があるが，ランキング常連企業の順位変動要因をウォッチすることで，消費者の企業やブランドに対する見方の変化の予兆を掴むことができると考える。

(2)　オリジナルの指標により企業を評価するランキング

RAV調査では，地方銀行の持つポテンシャルと全国の地方銀行の中での位置づけの可視化を目的として，「財務力」「収益力」「成長性」「経営の独自性」「ESG」「地域経済の状況」「職場環境・処遇」の7項目で実力を分析し，S〜Eのオリジナル指標で評価している。

こうしたランキングは，企業の総合力をランキング化しようと試みているため，レピュテーションという観点からは少し外れた印象を受けるかもしれない。しかし，企業のレピュテーションは様々な要素が混ざり合って形成されるものであるため，評価機関が企業の実力をどのような観点から評価しようと試みているかを知ることは，レピュテーション管理指標を検討するうえでの参考になるのではないかと考える。

(3)　週刊誌によるランキング

『週刊ダイヤモンド』が「選別される銀行」をテーマに特集を組み，全国104行地銀の「存在価値ランキング」を発表したように，週刊誌では過激なタイトルのもと企業のランキングが発表されることが多い。SNSが普及したことから，週刊誌はかつての勢いはなくなってはいるものの，今でも電車の中では週刊誌の広告が目立ち，企業名を直接挙げて批判が行われているのをよく見かける。

　企業はこうしたランキングの全てを真に受け，対策を講じる必要はないが，タイトルが人々の目に留まりやすく，放置していると大きな波紋を招く恐れがある。そのため，予兆管理を行う際にはこのようなランキングにも目を配る必要があるが，どのように具体的に活用するかは課題も多い。

2　レピュテーション評価指標の研究とRep Trak

　先述した企業ランキングは，レピュテーションそのものを評価してランキング化しているわけではなく，ランキングの結果がレピュテーションに大きな影響を及ぼすという関係だ。レピュテーションそのものを評価する手法は従前から研究がなされており，現在はRep Trakがその中心である。ここでは，レピュテーション評価指標としてどのような研究がなされ，直近のRep Trakはどのような指標を用いて評価を行っているのかを見たうえで，その評価項目を踏まえた予兆管理・管理手法について検討する。

⑴　レピュテーション評価指標の研究

　Fortuneの「世界で最も称賛される企業」は1982年から現在まで続けられているコーポレート・レピュテーションのランキングであり，世界的に知名度が高く，発表されると多くの企業からの注目を集める。この，「世界で最も称賛される企業」は企業をランキング化するために開発された測定システムであり，全世界の上級幹部，外部取締役及び証券アナリストによって評価がなされる。ランキングは，業種別，セクター別，国別ごとに行われ，その測定項目は以下の9つである。

① 企業資産の有効利用
② 財務の健全性
③ 長期的投資価値
④ 卓越した従業員
⑤ 経営者の質
⑥ 社会的責任
⑦ イノベーション
⑧ 製品・サービスの品質
⑨ グローバル性

　ただ，「世界で最も称賛される企業」については問題点も指摘されている。それは，測定主体が上級幹部，外部取締役及び証券アナリストのみを対象とし，ステークホルダーを無視している点である。これでは，測定主体が財務的専門家に偏っており，財務に関するレピュテーションが高い企業ほど全般的なレピュテーションが高まってしまう恐れがある。この問題点を解決するために生み出されたのが「RQスコア」である。RQはレピュテーション・マネジメントを意図した測定システムであり，測定主体は「世界で最も称賛される企業」とは異なり，経営者，投資家，従業員，消費者といった企業内外のステークホルダーとなっている。

　「RQスコア」の調査では全世界の３地域12か国の約２万人以上に対して以下の２つの質問が行われる。

● あなたが知っている，または聞いたことのある会社のうち，あなたからみて総合的なレピュテーションがもっとも高いためにひときわ注目度が高い２社はどこですか？

● あなたが知っている，または聞いたことのある会社のうち，あなたからみて総合的なレピュテーションがもっとも低いためにひときわ注目度が低い２社はどこですか？

　そして，この２つの質問によって名前があげられた企業に基づいて「最も注目度が高い」企業リストが作成される。

　次に，レピュテーションを測定するために，5か国3万人以上を対象に調査が行われるが，その評価項目は以下の6つである。

```
① 情緒的アピール
② 製品とサービス
③ 職場環境
④ 財務パフォーマンス
⑤ ビジョンとリーダーシップ
⑥ 社会的責任
```

　「世界で最も称賛される企業」の問題点は，測定項目が財務業績に偏っていることであったが，RQでは「財務パフォーマンス」が6つの測定項目の1つとなり，この問題が解消されているということがわかる。

　しかしながら，RQにも欠点がある。それは，6つの測定項目のうち，3つはレピュテーションに影響を及ぼしておらず，また，北見（2008）や岩田（2010）が行ったRQの因子分析では，「情緒的アピール」が確認されなかったことから，国ごとにレピュテーションの特徴がある可能性があるということである。また，「尊敬と崇拝」「信頼性」「好感度」という「情緒的アピール」の下位尺度は，製品・サービス，企業のビジョンや経営者のリーダーシップなどと一体であり，切り離して考えることが困難である（岩田，2010）ということなども指摘されている。

⑵　Rep Trak

　RQの問題点を改善するため，2005年にはReputation InstituteによりRep Trakシステムが開発されている。Rep Trakでは，レピュテーションドライバーとその核となる尊敬・好感・信頼・称賛4つの情緒的側面から構成されている。

A)　レピュテーションドライバー

　Rep Trakでは，次の7つのレピュテーションドライバーを設定している。

---

① 財務業績
　収益性や成長など，企業の業績
② イノベーション
　企業がいかに革新的であるか，いち早く市場に参入しているか，変化に素早く
　適応しているか
③ 職場環境
　企業が従業員の健康と福祉に配慮しているか，また，職場において公正な報酬
　と機会均等を提供できるかどうか
④ リーダーシップ
　企業のビジョン，リーダーや経営者の資質，経営の有効性
⑤ コンダクト
　商習慣における公正さ，開放性，透明性など，企業の倫理性
⑥ 市民性
　企業がいかに環境に配慮し，慈善活動を支援し，社会に良い影響を与えること
　ができるか
⑦ 製品・サービス
　顧客経験や顧客サポートを含む，製品・サービスの品質と価値

　これらのレピュテーションドライバーは，後述するGlobal Rep Trak 100の
ランキング化を行う際の指標ともなっており，企業がレピュテーション管理を
行ううえで重要な項目で構成されている。また，近頃はステークホルダー資本
主義の考えが浸透してきているが，レピュテーションドライバーは各ステーク
ホルダーの利益に区分してレピュテーションを捉える際に大いに役に立つと考
える（詳しくは後述の(4)を参照）。

B) Rep Trak Pulse

　Rep Trakの情緒的側面はRep Trak Pulseと呼ばれ，次の３つの問題意識の
もとで開発されている。

- 従来の測定システムはレピュテーションが向上する要因を測定していたた
  め，レピュテーションそのものを測定する必要が生じたこと
- グローバル化が進んだことにより国家間比較が可能なレピュテーションの
  測定システムを開発する必要が出てきたこと

●レピュテーションの従来の測定システムは質問項目が多く回答者が疲弊し無回答が多かったため，回答者の負担を減らし，回答率を上げること

このように，Rep Trak Pulseはレピュテーションそのものを測定するよう設計された，国家間の比較が可能な測定システムであり，領域が4つと少ないことから無回答が減り回収率が高いという特徴を有するものとして認知されている。

⑶　Global Rep Trak 100

2022 年度のGlobal Rep Trak 100は，2021年12月から2022年1月にかけて世界主要15か国で 243,000人以上から収集されたデータを基に作成されたランキングである。このランキングに選出されるためには，①グローバルで20億ドル以上の売上高を持つ企業ブランドであること，②世界15か国すべてでグローバル平均20％以上の知名度を獲得し，そのうち8か国以上では20％以上の知名度を獲得していること，③データベースに登録された数千の企業を対象に，レピュテーションスコアの中央値を超えているという条件を満たす必要がある。そして，条件を満たした企業がレピュテーションドライバーごとに評価を受け，その結果がステークホルダーの購買意欲，勤労意欲，推薦意欲，危機の際に正しい行動をとる企業への信頼など，ビジネスの成果との強い正の関係を示しているとされるレピュテーションスコアとして点数化され，この点数に基づきランキング化される。街中でもよく目にするような企業が並んでおり，日本企業もランクインしている。ランキングに選出されるための条件としてグローバルで20億ドル以上の売上高を持つ企業ブランドという条件があるため選ばれる企業は一握りであるが，規模が小さい企業であっても，選出された企業の順位変動要因を分析することで，レピュテーション向上のためのヒントが得られると考える。

⑷　ステークホルダー資本主義とレピュテーションドライバー

先述した，Rep Trakの7つのレピュテーションドライバーはステークホル

ダー資本主義の考え方と結びつきが強い。ここでは，ステークホルダーの観点
からレピュテーションドライバーを整理し，レピュテーションドライバーの活
用方法を検討したい。

　レピュテーションドライバーを，例えば，投資家，従業員，当局，NGO，
顧客といったステークホルダーごとに分類すると**図表3－5**のようになる。

図表3－5　　ステークホルダー別のレピュテーションドライバー

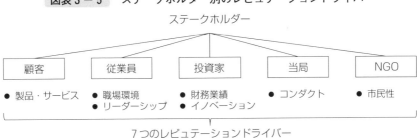

「製品・サービス」は，顧客経験や顧客サポートを含む，製品・サービスの
品質と価値のことを指し，ステークホルダー資本主義の観点からは「顧客」と
結びつきが強い。「製品・サービス」は，顧客からの評価が高くないと淘汰さ
れていき，このことは「財務業績」にも影響を及ぼす。そのため，「製品・
サービス」のイメージが企業のレピュテーションに及ぼす影響は大きいといえ
る。また，「製品・サービス」のイメージ向上は企業努力によるところが大き
いが，レピュテーションという意味では，「顧客」からの評価が何よりも大事
である。そのため，ほとんどの企業が行っていることであろうが，「顧客」に
寄り添った「製品・サービス」を生み出すことが肝要であることが確認される。
　「職場環境」と「リーダーシップ」はステークホルダーでいうところの「従
業員」と結びつきが強い。「職場環境」とは，企業が従業員の健康と福祉に配
慮しているか，また，職場において公正な報酬と機会均等を提供できるかとい
う意味であったが，この評判がよくないと，世間からブラック企業として認知
されることにより入社を希望する人が減り，既に「従業員」として働いている
人もその劣悪な職場環境から抜け出そうと転職者が増えてしまうといったこと

が起こりえる。また，「リーダーシップ」は企業のビジョン，リーダーや経営者の資質，経営の有効性を指したが，これが備わっていない企業でも同様に，失望した「従業員」がどんどん転職していってしまう。その結果企業は貴重な人的資本を失うことになるが，これらはレピュテーションの低下がもたらした損失といえる。このような損失を防ぐためにも，企業は従業員に対して良質な「職場環境」を整えつつ，強い「リーダーシップ」を発揮しながら経営を行う必要があるということがわかる。

　「財務業績」は，収益性や成長性など企業の業績の事を指し，「イノベーション」は企業がいかに革新的であるか，いち早く市場に参入しているか，変化に素早く適応しているかを意味するが，こうした情報は「投資家」からの関心が強い。「投資家」は資金運用を行うため「財務業績」を気にしている。また，企業の成長力を推し量るため，そのポジションを気にかけ，「イノベーション」に関する情報にも敏感である。「財務業績」及び「イノベーション」は戦略と密接にかかわるため，リスク管理として直接的な対策をとることは難しい。しかし，経営不安説や不法行為に関する情報が企業のレピュテーションに与える影響は甚大である。「財務業績」が悪い企業の評判が悪くなるのは自明であるが，「投資家」の関心は「財務業績」が悪い状態がどれくらいの期間にわたり継続するのかといった情報であり，その意味で「イノベーション」に関する情報は重要な意味を持つといえる。そのため，企業は「イノベーション」に関する情報を積極的に発信することが，レピュテーションの観点から大事になってくるのではないかと考える。

　Rep Trakにおける「コンダクト」とは，商習慣における公正さ，開放性，透明性など，企業の倫理性のことを意味し，ステークホルダー資本主義の考え方を当てはめると，「当局」とのかかわりの中で捉えることができる。内部統制を整備することは経営者に求められることであるが，これをおろそかにしてしまうと巨額の課徴金が課されるなど財務的なインパクトが大きく，経営不安説を誘発することもあり，レピュテーションドライバーの１つである「財務業績」の部分にも影響を及ぼす。その意味において，レピュテーショナル・リス

クを管理するうえで「コンダクト」の観点も無視できない。このように，法令を遵守すべく適切なガバナンス体制を整備することは企業のレピュテーションが毀損することを防ぐという意味でも大切なことであるといえる。

最後に，「市民性」であるが，これは，企業がいかに環境に配慮し，慈善活動を支援し，社会に良い影響を与えることができるかに関するドライバーである。ステークホルダーの中でも特に，「NGO」は「市民性」について株主総会で厳しい追及を行うこともあるなど，結びつきが強いといえる。近年，企業をESGとの関連の中で評価する風潮はますます強くなっており，「投資家」なども「市民性」を考慮して投資を行うことも増えているという。レピュテーションとESGの関係性については後述（第7章⑤を参照）するが，いまや「市民性」の観点はレピュテーションに大きな影響をもたらし，この観点が欠如した経営は成り立たないといえる。

ここまで見てきたように，Rep Trakのレピュテーションドライバーを活用してステークホルダーごとに整理することで，レピュテーションに資する行動がどのようなことかが見えやすくなる。こうした整理を行うことはレピュテーショナル・リスクを管理するうえではもちろん，レピュテーション向上の視点からも有効な手法であると考える。

3　ソーシャルメディアを活用した予兆管理

企業のレピュテーションを評価しているのはレピュテーション評価機関といえるような組織化された機関のみではない。昨今ではソーシャルメディアにおいて個人が評価者となり企業に対して賛否両論様々な意見を発信し，1つの発信内容が大きな波紋を呼ぶこともある。そこで，ソーシャルメディアの観点からレピュテーショナル・リスクの管理方法を検討する。先ほど，ステークホルダーの観点からレピュテーションドライバーを整理し，その活用方法を検討したが，ここでも同様の整理を活用したい。**図表3－6**にソーシャルメディアの観点を加えると，次のように整理することができる。

図表3－6　各ステークホルダーとSNSとの関係

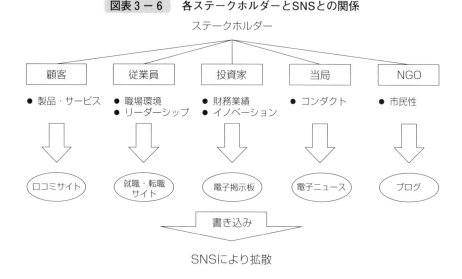

(1) 口コミサイトのレビュー

　口コミサイトは，既に存在する商品・サービスに対する人々の主観的な意見を集めたプラットフォームであり，利用者は関心のある商品・サービスについて他人の意見を閲覧することが可能だ。口コミの特徴としてあげられるのは情報の発信者と商品の間に利害関係がないので，実際の商品を使用した人の率直な意見・利用感が書かれている可能性が高く，消費者にとって有用性が高いといわれていることである。ステークホルダーの観点からは，「顧客」との関係が強い。

(2) 電子掲示板

　電子掲示板は，インターネット上のコミュニケーションにおいて古くから存在する代表的なサービスの1つである。利用者が文章などを自由に投稿することができ，それに対して不特定多数の人が書き込みをしていくことでコミュニケーションを行うサービスである。また，多くのものは実名記載を求めておらず，身分を明かさないで匿名でのコミュニケーションが可能となっている場合

が多い。この匿名性ゆえに誹謗中傷・罵倒的書き込みや，個人情報・著作物の不適切な投稿が日常的に行われるなど，問題が多いことが特徴としてあげられる。また，こうした電子掲示板の中では，株式市場での情報交換を目的にしたスレッドが立てられるなど，特定の企業に対して様々な書き込みが行われる。米国の掲示板型ウェブサイト内部の投資家コミュニティが火元となり，大手金融機関ですら取り付け騒動に繋がったケースもある。ステークホルダーの観点からは，「投資家」との関係が強いものといえる。

(3) ブログ

ブログは，個人や数人のグループの意見・感想を投稿するウェブサイトのことを指す。多くの場合コメント機能が備わっており，不特定多数の人と交流することも可能である。ブログは，ウェブ上で自分の意見や感想を表現する場として世界中で人気であり，一部の有名なブログユーザーはブロガーとして社会に対して大きな発言力と影響力を有している。また，記事のカテゴリー分け，検索機能，カレンダー機能など，特定の情報共有・情報発信を便利にする機能が多い。先にみた掲示板も，個人による不特定多数の人への詳細な情報発信が可能な点で共通するが，コミュニケーションを主体とするか，情報発信そのものを主体とするかという点で利用方法が異なる。この点で，ブログは掲示板と比較したとき炎上する可能性は低いといえるが，政治家のような著名人の情報発信の場として利用されることも多く，影響力のある人物のブログの内容には注意すべきである。ブログは特定のトピックに対して詳細な意見を発信したい人が利用しているといえ，企業とのかかわりも考慮すると，ステークホルダーの観点からは，「NGO」との関係が強いといえる。

(4) 就職・転職サイト

就職・転職サイトは企業の求人はもちろん，年収，福利厚生，ワークライフバランスなどに関する口コミが多数記載されているなど，職場環境に関する情報が集まっている。利用者が就活生や転職活動を行っている人に限られるため，

就職・転職サイトが急激に炎上するといったことはなかなか起こらないが，悪い情報ばかりが書かれていると，世間からブラック企業として認知されるようになり，企業のレピュテーションに大きな影響をもたらす。また，従業員の不満などはなかなか社内で発言することができないため，就職・転職サイトに書き込まれる傾向が強いように見受けられる。ステークホルダーの観点からは，「従業員」とのかかわりが強いものとしてレピュテーション管理をしていくことになる。

(5) 電子ニュース

　電子ニュースとは，その名のとおり，インターネット上において閲覧することができるニュースのことである。企業に関するニュースは，大きなインシデントであれば新聞やテレビのニュースで知ることができる。一方で，その内容が規制などのコアな内容に関するものは必ずしも新聞やテレビのような媒体で報道はされず，特定の分野に焦点を当てた記事のみを掲載することで，ターゲットとする読者を絞った電子ニュースなどで報道されることもある。特に海外においてその国の当局が規制を実施した場合などはネット上でしか情報を掴めないことも多い。ステークホルダーの視点からは，「当局」との動向を掴むため，情報源の信憑性には注意したうえで「電子ニュース」を活用することも有用であると考える。

(6) SNS

　SNSとは，人と人とのコミュニケーション・つながりをサポートするコミュニティ型のウェブサイトである。その登録のしやすさ，投稿のしやすさから，近年ではSNSがもっともポピュラーなソーシャルメディアといえる。中でも，Twitterはその利用者数の多さから実社会への影響も大きい。利用者が多いゆえ情報の拡散スピードも速く，炎上の話題は大体の場合TwitterなどのSNSが中心である。SNSは拡散機能を果たすことが大きな特徴であり，突如企業のレピュテーションに影響を及ぼす事象が顕在化し盛り上がりを見せることがあり

える。また，これまで取り上げてきたソーシャルメディアのように，特定のステークホルダーと結びつきが強いというわけではなく，情報の拡散速度を速める媒体のような役割を果たす。ステークホルダー毎の関心事項に留意しながら，様々なソーシャルメディアを監視するとともに，情報拡散のスピードにも留意しながら一層の注意力をもって，SNSを監視していく必要がある。

　ソーシャルメディアとレピュテーションドライバーの結びつきは必ずしも1対1に対応するわけではないが，あまたあるソーシャルメディアの情報の中から，それぞれ結びつきそうな主なステークホルダーの関心を意識しながらモニタリングすることは，情報の振分けやチェックする優先順位の考えにもつながり，効率的なモニタリングを可能とするものといえよう。

　また，情報拡散のスピードに注目し，早めの火消しを心がけるというのも最近のレピュテーショナル・リスク管理の特徴であり，内部のモニタリング・エスカレーションを，時機を逃さずにいかに適切にタイミングよく行うべきかという議論にもつながろう。次章では，モニタリング・エスカレーションについて議論を深める。

◆　| コラム7 |　シンガポールのプライド

　シンガポール政府が所有するある投資会社は，シンガポール航空やDBS銀行などシンガポールを代表する企業に投資しており，ナショナルフラッグを背負ったソブリンファンドだ。慎重な投資で知られ，政府や国民が誇りに思っているファンドが仮想通貨（暗号資産）業者への投資に失敗し，一国の副首相レベルが苦言を呈する事態にまでになった。

　2022年11月，シンガポールの副首相かつ財務大臣であるローレンス・ウォン氏はシンガポールの政府系投資会社がFTXへの投資によって受けた影響について議会で言及した。FTXとは暗号資産交換業大手「FTXトレーディング」のことであり，CoinDeskによって関連企業であるアラメダ・リサーチがバランスシートを水増していたことを公表されたことや，業界最大手であるバイナンスのCEOがFTXの取引所トークンをすべて売却したこと等を受けて大幅に財務状況が悪

化し，2022年11月に破産手続きを行った。FTXの債権者は10万人以上，負債は数兆円規模といわれており，これは暗号資産業界で過去最大級の経営破綻であった。また，FTXの創始者サム・バンクマン・フリード氏は2023年2月に連邦地検においてFTXの顧客や出資者に対する詐欺や，取引銀行に対する詐欺等計12の罪に問われるなど，背後には杜撰な内部管理体制もあった。

　当該投資会社はFTXに2億7,500万ドルを投資しており，全額減損したと発表した。これは2022年3月時点のポートフォリオのわずか0.09%であり，ウォン氏はFTXによる損失は政府が得る収益に影響はないと述べた一方で，同氏はFTXの経営状況を酷評するとともに，「FTXで起きたことは政府系投資会社に金銭的な損失を与えただけでなく，レピュテーションへの被害も引き起こした」と，率直に投資会社への失望を明らかにしている。

第4章

モニタリング・エスカレーション

本章ではリスクガバナンスの重要な要素であるモニタリングとエスカレーションについて，論点と対応の考え方を整理していく。重要な論点としては，まず管理対象の範囲がある。自社の評判を下げるのは必ずしも自社役職員の行動だけではない。また，大企業の場合は，その業務範囲の広さに対応した情報集約の枠組みも整備される必要がある。そして集約された情報はわかりやすい形で経営に報告されることが望ましい。これらの論点を検討したうえで，複合リスクであるレピュテーショナル・リスクの特性を踏まえた対応策の検討を行う。一連の流れが整備されることで包括的なレピュテーショナル・リスクの対応が可能となる。

1 カバーすべき範囲

　レピュテーショナル・リスクは企業の評判にかかわるリスク全般であるが，企業の評判が悪化するパターンは無数に考えられる。ビジネスの遂行においては，自社役職員だけでなく，業務フローの中には外部委託先などのサードパーティが多く関与している。基本的には自社の製品・サービスを起点として，こうしたサードパーティも含めた範囲で，レピュテーショナル・リスクについて検討すべきである。企業のサービスを期待する顧客にとって，問題の原因が自社役職員によるものなのか委託先によるものなのかに大きな違いはない。

　例えば，外部委託先がシステムダウンしたことによって，自社のサービス提供が止まってしまうケースを想定しよう。自社でないことも相まって状況把握に一層の時間を要するかもしれない。その一方で，サービスセンターには顧客からの苦情電話が鳴り響いている。状況を把握できず復旧目途もわからない中では，顧客からの問い合わせに明確な回答ができず，顧客の怒りを増幅してしまう。こうした状況での外部発表において，自社責任ではない点を強調したとしても顧客の怒りが静まらないのは想像に難くない。

　また，サービス需要の多様化などから他の企業との提携によって，そうしたニーズに対応していく動きも拡大している。この場合の協業先の行動も場合によっては自社のリスクとなりうる。

　ここでも例えば，顧客に対してより付加価値の高いサービスを提供しようという観点で，他の企業と協業したケースを想定しよう。協業先は，専門性が高いかもしれないが，自社顧客の趣味・特性を理解しきれていないかもしれない。協業先の顧客への対応姿勢が仮に不十分だった場合は，自社の評判を落とす可能性もある。自社製品のサプライチェーンに含まれる企業における不芳事象も同様のリスクがある。

　このように自社の「ブランド」を守るためにリスク管理でカバーすべき範囲は広く，かつ，拡大している。ここでもやはり網羅性・ゼロトレランス的な発

想は捨てて，自社にとって優先的に対処すべき事象は何かという視点で検討することが重要となる。連結子会社といった財務的な「自社」の概念を一度取り去り，ビジネスモデルを起点とした考え方でカバー範囲を再検討すべきであろう。

2　ガバナンス体制

　カバーすべき範囲の広いレピュテーショナル・リスクについては，一元管理されることが重要ではあるものの，持株会社の所管部門が自ら子会社を含めた情報を収集することは現実的ではない。

　ここで，海外金融機関の例をみてみよう（**図表4－1**）。ここで示しているのは複数の金融機関の開示事例から要素をピックアップしたものだが，多国展開している金融機関では，子会社別または法域別に設置されたレピュテーショナル・リスク委員会が，まず当該子会社等のビジネスにかかるレピュテーショナル・リスク事象を収集する。その後，現状のリスク軽減策や事後対応の状況

図表4－1　ガバナンス体制のイメージ

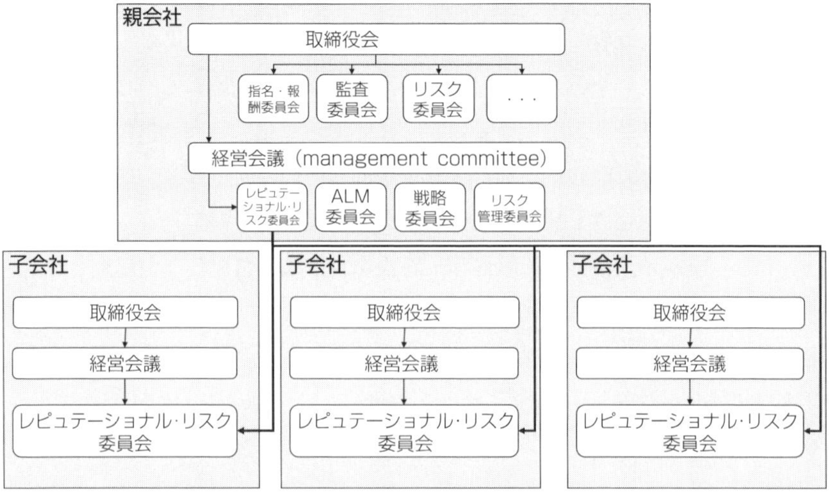

を含めて検討を行う。その中で重要なリスクについては，親会社のレピュテーショナル・リスク委員会に報告され，追加対応の必要性などが議論される。また，子会社だけではなくグループとして判断が必要な項目も親会社に報告される。

　この意味では，レピュテーショナル・リスクの重要度の考え方を社内で基準として作成しておくことが必要になる。同じ行動でも各地域の文化・慣習を踏まえると重要度が異なるケースもあり，精緻な要件の書き込みは困難ではある。重要度判定においては，各地域による違いが出やすいリスク顕在化までの過程に焦点を当てるというよりは，収益や顧客基盤への悪影響などを，大まかな数値基準を用いて記載することで親会社に上がる情報の粒度をそろえる方法が考えられる。

　定義やこうした評価基準を置いたとしてもレピュテーショナル・リスクの考え方のばらつきには常に留意が必要である。親会社の所管部署は，子会社等の所管部署と定期的なコミュニケーションを取り，親会社の問題意識を伝えるとともに，委員会報告事項とはならなかったものの子会社としては留意している事象について意見交換するなど，目線合わせのための工夫は定期的に行っておくべきである。

　なお，上記の例では，基本的にはモニタリングに結果指標が採用されており，事後対応について議論されている金融機関が多いようである。ほかにも対応策を審議・決定するレピュテーショナル・リスク委員会の担当部署が，コンプライアンス部門となっているケースも複数存在する。これは，基本的にはレピュテーショナル・リスク管理は事後対応だという状態から抜け出すことの難しさを示しているとも考えられる。

　これから体制構築に取り組まれる企業においては，リスクをコントロールするという視点から，先行指標も含めた指標設定・指標のモニタリング担当部署の設定をすることも忘れないようにしていただきたい。

③ 経営報告

　前述の海外金融機関の例では，KPIについても子会社等の分をとりまとめて親会社の所管部署に報告され，集約されたものが親会社の委員会に報告される。報告にあたっては，対象指標を一覧化し，ダッシュボードの形式にまとめるケースが多いと考えられる。場合によってはレピュテーションにかかわる指標だけではなく，非財務項目にかかる指標一覧となるケースもある。これは，多くの情報を同時に処理しなければならない経営陣のニーズに合致したものといえる。また，複数の指標を合わせて分析することで，蓄積している問題の全体像が明確になるという面もある。

　ここで重要なポイントは，報告する指標の意味・視点が明確に伝わっていることである。レピュテーショナル・リスクは複合リスクであるため，他のリスクカテゴリーで用いている指標を転用するケースもある。

　例えば，従業員というステークホルダーを意識した指標として，残業時間を見たとしよう。本来は労務管理目的で収集している指標だが，レピュテーションの観点では従業員の期待とのギャップを示す先行指標として報告される。残業時間の増加は身体的・精神的に従業員に負荷を与え，結果として離職率を上昇させるとともに，転職サイト等で労務環境にかかる情報が共有されることで，採用活動にも支障をきたすという観点で見るということになる。また副業などが容認される社会の変化を踏まえると，仮に自社が副業を容認していたとしても，残業時間が多すぎて実際には機能していないかもしれない。いずれにしても，自社の評判を低下させるものである。

　他のリスクカテゴリーで用いた指標であっても，新規に設定した指標であっても，どのような議論のために当該指標をモニタリングしているかという点が明確に伝わるように報告資料が作成される必要がある。

4 対応策の検討

　やはり重要になるのが対応策の策定である。結果指標に変化がみられれば，対外発信などの事後対応の強化がまず求められる一方，先行指標に変化がみられる場合は，その根本原因に対する対処オプションを整理する必要がある。

　その際に重要になるのは，関連部署との協力である。レピュテーショナル・リスクを所管する部署は事後対応に目が行く傾向があることは述べたとおりだが，管理高度化の観点からは，先行指標の設定と変化の場合の対応も同様に求められる。その際，営業店管理の企画部門など，レピュテーショナル・リスクの現場と向き合う1線の枠組みの中で，影響の波及経路に関係する部署とともに対応策を迅速に検討し，実施方法を調整しないと，情報拡散のスピードが速いという特徴を持つレピュテーショナル・リスクへの対応としては，実効性の乏しいものとなる。経営層にエスカレーションするためには，影響額を精緻に見積もって完ぺきな形で相談したい心情は理解できるが，レピュテーショナル・リスクでは，実際に顕在化しないと影響額はわからないという面もあり，前広に相談しやすい環境を醸成する必要がある。

　また，せっかく1線や2線のリスク所管部門が素早くかつ適正に対応をとったとしても，対応策を議論・決定する経営層の間で，複合リスクであるレピュテーショナル・リスクの性質や影響が適切に理解され，全社的に対応していくものだという認識が共有されていなければ，結果としてアクションがとられることもなく，行動が無駄になる可能性もある。この点，エスカレーションする側の1線や2線のリスク所管部門のレピュテーショナル・リスクへの感度やエスカレーションするタイミングの見極めも重要だが，エスカレーションされる側の経営層もレピュテーショナル・リスクが非常に幅の広いリスクであることを十分認識したうえで対応を検討する必要がある。この点からすると，組織全体としてレピュテーションの性質や特徴につき，理解を醸成しておくことが非常に重要といえる。

　以上，レピュテーショナル・リスクの特徴を踏まえたうえで，モニタリング・エスカレーションについて検討したが，組織全体としてのレピュテーションの理解の醸成，さらにはリスクカルチャーとしてのレピュテーション概念の浸透を考慮すると，リスクアペタイト・フレームワークとの関係や活用も考えられる。そこで次章では，レピュテーショナル・リスクのアペタイトへの反映について検討する。

◆　コラム8　モバイルメッセンジャーアプリ運営会社の個人情報問題

　国内モバイルメッセンジャーアプリ運営会社は，国内利用者の個人データが中国の業務委託先で閲覧できる状態だったことを明らかにし，利用者に説明が不十分だったということで非難を浴びた。ポイントは，同社は個人情報保護法の条件を遵守し法的には落ち度がない点だ。プライバシーポリシーに具体的な国名を明記しないまま海外に個人データを移転する可能性を記述していたことが問題視されたが，実は，個人情報保護法では，海外で個人情報を取り扱う場合に明確な条件を定めており，同社はその条件を満たしていたのだ。それにもかかわらず，海外で個人情報が管理されていることが問題になったのは，いくつか理由があると考えている。

　まず，モバイルメッセンジャーアプリという広く一般に使われているコミュニケーションツールのため，一般の関心が高かったことはもちろん，様々なプライベートなやり取りも含む個人情報のため秘匿性も高かったこともある。また，中国ということで，一般に政府の情報管理の度合いが高いというイメージから悪用されるという不安を駆り立てた面もあるかもしれない。

　海外でデータを管理している企業は多く，むしろ海外で一切のデータを管理しないことのほうが，グローバル化が進む今日においては困難なくらいだ。顧客への丁寧な説明が必要という点で，金融機関においてもFiduciary Duty（資産運用業務に従事する金融機関が投資家に対して負う責任）の考えに通じるものがあろう。

第 5 章

アペタイトへの反映

本章では，第4章のモニタリング・エスカレーションに加えて，さらに組織全体でレピュテーショナル・リスク管理を実効的に機能させる方法としてリスクアペタイトへの反映を検討する。具体的には，第3章で検討したレピュテーショナル・リスクの定量的な指標やKPI・KRIをどのようにして組織全体へ浸透していくかという観点と関係しよう。オペレーショナル・リスクであれば，組織全体へのオペレーショナル・リスク計量指標の落とし込みは「ユーステスト」を通じて実施されるが，レピュテーショナル・リスクでは，防止策の有効性が議論となりえるため，「ユーステスト」が有効に機能しないことが懸念される。

　そこで，レピュテーショナル・リスクのKPI・KRIを組織全体に浸透する手段としてリスクアペタイトの活用が課題となり，本章ではリスクアペタイトへの反映を論ずる。

1 非財務項目とアペタイト

　そもそも，リスクアペタイト・フレームワーク（RAF = Risk Appetite Framework）とは，2008年の国際金融危機（いわゆる「リーマンショック」）以後，金融機関のコーポレート・ガバナンス強化の議論の一環として提示されたフレームワークのことだ。経営目標や事業戦略，財務計画，リスク管理計画などを達成するためにリスクアペタイトを明確にし，経営戦略，財務，リスクが一体となって，取るべきリスクを決める仕組みだ。バーゼル委による規制の枠組みが国際金融危機で機能しなかった反省として，金融機関が自分でとるべきリスクを自ら決める仕組みである。このため，アペタイトとは，どのような業務・商品に取り組み，どのようなリスクをどこまで取って，どの程度の収益を上げるかということを示す指針となる。時間軸の概念もあり，単年度のアペタイト，中長期のアペタイト，社是や経営理念とほぼ同じような永久的・恒久的なアペタイトもある。

図表 5 − 1　**RAFにおける戦略・財務・リスクの一体化のイメージ**

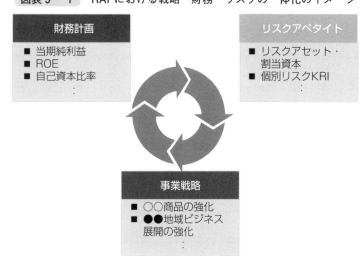

財務計画
- 当期純利益
- ROE
- 自己資本比率
  :

リスクアペタイト
- リスクアセット・割当資本
- 個別リスクKRI
  :

事業戦略
- ○○商品の強化
- ●●地域ビジネス展開の強化
  :

　RAFは，戦略，財務，リスクが一体となったものであるため（**図表5−1**），リスク抑制[1]だけではなく，必要に応じてむしろリスクテイクを促すものであり[2]，リスクとリターンのバランスをとって最適化する目的がある。また，リスクアペタイト（RA）は，取締役会レベルでコミットするものであることから，経営（執行）が直接，取締役会（監督）に説明責任を果たすため，ガバナンスが向上すると考えられる。さらに，執行，監督の関係に留まらず，顧客，株主，従業員，地域社会などあらゆるステークホルダーの期待に基づいて作成する意味合いもあり，ステークホルダーへの説明責任を果たすものでもあり，この点でも，第2章でみたようにステークホルダーの関心を考慮するレピュテーショナル・リスク管理との親和性は高い。

　RAFは，2011年のIIF（Institute of International Finance，国際金融協会）の文書から広く知られるようになり，2013年の金融安定化理事会（FSB）によって細かいデザインが提示された。足許ではほぼ全てのG-SIB，G-SIFがこのフレームワークを導入している。国際金融危機前は，バーゼル委の国際金融規制は，自己資本の充実（資本）にポイントがあったが，RAFでは管理対象として，資本に加え，収益性，流動性，非財務リスクの4点にポイントを置くのが特徴だ（**図表5−2**）。さらに，将来のシナリオを作成し，これに基づいてストレステストを実施して，将来の事象をあらかじめ予測して備えるという意味でのフォワードルッキングな管理にポイントを置くのも特徴である。

　当然のことながら，レピュテーショナル・リスクは非財務項目の1つとして扱われることになる。また第3章で論じたような予兆管理や，シナリオを活用した定量分析はRAFのフォワードルッキングな管理の趣旨と合致する。このため，オペレーショナル・リスクの「ユーステスト」があまり機能しないと考えられるレピュテーショナル・リスクを組織全体に浸透を図るうえでは，

1　従来のリスクリミットは，リスクトレランスと呼ばれる。
2　リスクアペタイトには上限と同時に下限を設定するケースもある。下限は，最低限度ここまでのリスクを取らないと収益目標を達成できないとして，リスクを取ることを奨励する仕組みとして機能する。

図表５－２　RAFの３D概念図

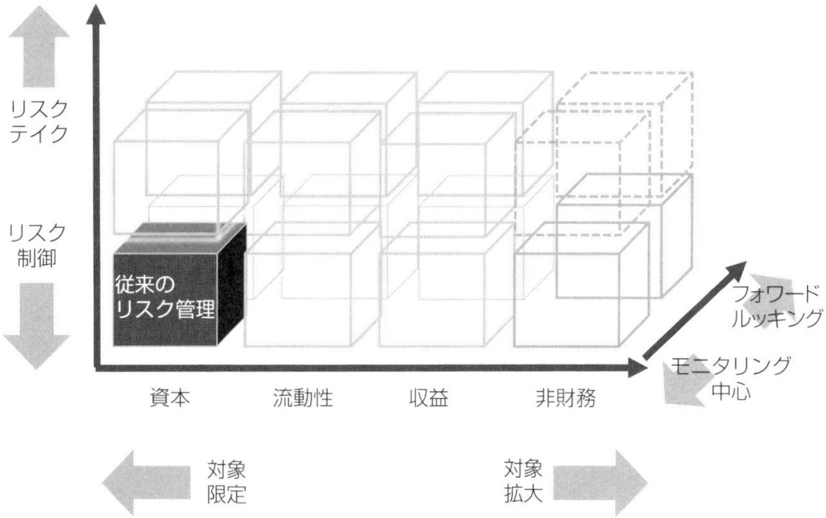

RAFの活用が有効な手段となりえる。

　図表５－２では非財務項目に関するリスクテイクが点線で表現されているが，これは非財務への取組みはリスク対応が主であるというイメージからだが，既に論じたように，レピュテーションには，ブランドやコーポレート・レピュテーションのようにポジティブな価値の側面もある。これをリスクテイクというかどうかは議論があるかもしれないが，例えば，顧客満足度評価をあるレベルに引き上げるというアペタイトは非財務項目のリスクテイクの例といえるだろう。ここは，第８章で改めて振り返る。

２　アペタイトによる管理

　第３章で検討したレピュテーショナル・リスクの定量的な指標やKPI・KRIがあれば，通常のリスク管理プロセスを通じて組織全体への浸透を図っていくことも可能にも見える。例えば，オペレーショナル・リスクであれば，組織全

体へのオペレーショナル・リスク計量指標の落とし込みは「ユーステスト」を
通じて実施される（**図表5－3**）。

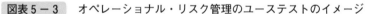

図表5－3　オペレーショナル・リスク管理のユーステストのイメージ

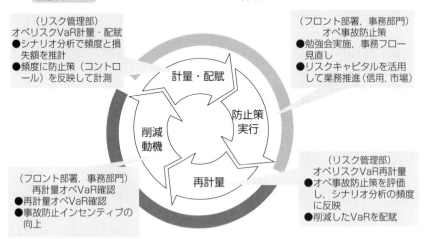

（リスク管理部）
オペリスクVaR計量・配賦
●シナリオ分析で頻度と損
　失額を推計
●頻度に防止策（コントロー
　ル）を反映して計測

（フロント部署，事務部門）
オペ事故防止策
●勉強会実施，事務フロー
　見直し
●リスクキャピタルを活用
　して業務推進（信用，市場）

計量・配賦

防止策
実行

削減
動機

再計量

（フロント部署，事務部門）
再計量オペVaR確認
●再計量オペVaR確認
●事故防止インセンティブの
　向上

（リスク管理部）
オペリスクVaR再計量
●オペ事故防止策を評価
　し，シナリオ分析の頻度
　に反映
●削減したVaRを配賦

　「ユーステスト」はオペレーショナル・リスクの計測システムが日常のリス
ク管理プロセスと密接に関連するような仕組みとすることだ。通常は，キャピ
タル配賦の仕組みの中で実施される。すなわち，オペレーショナル・リスク
VaRを計量し（例えば，99％信頼区間相当のリスク量），これをオペレーショ
ナル・リスクに関するキャピタルと見做して，信用リスク，市場リスクととも
に，各フロント部門に配賦する。各フロント部門はオペレーショナル損失事象
が起きないように防止策（コントロール）を講ずる（事務手続を制定したり，
勉強会を実施する等）。これにより，オペレーショナル・リスクVaR計測にお
いて，シナリオで損失イベントを考慮していた部分の発生頻度が下がる。すな
わち，VaRも下がり，キャピタルが解放される分，各フロント部門は信用リス
ク，市場リスクに活用できることとなり，防止策を講ずることが会社全体の
キャピタル管理という仕組みの中で，取組インセンティブのあるものになる，
ということになる。

　しかしながら，「レピュテーショナル・リスク」では，この「ユーステスト」が有効に機能しないことが懸念される。バーゼル委が，レピュテーショナル・リスクをオペレーショナル・リスクから除外した時の議論を想起して欲しい。事象の原因と結果の因果関係の成立が困難であること，すなわち，防止策の有効性が議論となるためだ。第３章でみたように，技術的にはレピュテーショナル・リスク　VaRの計量は可能だが，シナリオを考えるうえで，防止策が発生頻度の低下につながるかどうか検証困難な場合が想定される。SVBのケースがまさにそのケースかもしれない。

　そこで，「レピュテーショナル・リスク」のKPI・KRIを組織全体に浸透する手段としてリスクアペタイトを活用していくことが推奨される。

　なお，「レピュテーショナル・リスク」は，原因行為が他のリスクと関連するケースが大宗だ。例えば，SVBのケースでは仮想通貨取引所FTXの破綻を契機に投融資先が事業閉鎖したことが自身の破綻の遠因とみられることや，スタートアップ企業から急激に増えた預金を長期の債権投資で運用していたことによるALMリスク管理の失敗とも関係しており，信用リスク，市場リスク，さらには，コンプライアンス・リスクとも関係しよう。また，CEOのプライベートな不祥事によるレピュテーション毀損の場合は，コンプライアンス・リスク，コンダクト・リスクとも関係しよう。「レピュテーショナル・リスク」が複合リスクであるがゆえに，複数の関連部署が関係してくる。さらにいえば，ステークホルダーへの関心の配慮という観点からは，顧客の満足度や意識調査を所管する部署，監督当局とのコンタクトを専門とする部署，マスメディア等に対応する部署等ステークホルダーの関心を把握・モニタリングしている部署も複数関係してくる。このため，関係部署が複数あり調整が必要という点も，リスクアペタイトのフレームワークを活用して「レピュテーショナル・リスク」管理を行っていく理由だ。

　それでは，レピュテーショナル・リスクをリスクアペタイトとして組み込んだ場合に，どのように機能するのだろうか。RAFのPDCAを基に考えてみたい（**図表５－４**）。

図表 5 − 4　　RAFのPDCAのイメージ

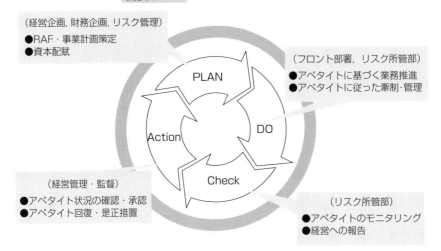

（経営企画，財務企画，リスク管理）
●RAF・事業計画策定
●資本配賦

（フロント部署，リスク所管部）
●アペタイトに基づく業務推進
●アペタイトに従った牽制・管理

PLAN

Action

DO

Check

（経営管理・監督）
●アペタイト状況の確認・承認
●アペタイト回復・是正措置

（リスク所管部）
●アペタイトのモニタリング
●経営への報告

　まず，Planでは，レピュテーショナル・リスク　VaRを計量するケース以外
は資本配賦の対象とならないので，いずれにせよ定性的なアペタイトとなろう。
ただし，経営企画，財務企画，リスク管理の枠組みで検討されるので，位置づ
けは単なるリスク管理カテゴリーではなく，組織全体に適用するアペタイトと
なる。

　次に，Doであるが，これも，VaRとして資本配賦されない場合は，定性的
なリスク認識事項としてKPI，KRIとともに管理・運用される。ただし，これ
もRAFのプロセスを活用し，事業計画等とともに隈なくカスケードダウンさ
れるため，運用面の担保は高まる。

　Checkでは，KPI，KRI等の遵守状況をモニタリングし，リスク管理委員会
や経営会議等で報告・確認される。これも通常のリスク管理カテゴリーとして
の項目とリスクアペタイトとしての項目では，経営の注目度も異なり一段高い
レベルで運用されることになる。リスクアペタイトの場合，プロセスとして監
督側に報告されるため，経営の注意義務が増すためだ。

　Actionは2つのレベルがある。経営・執行レベルで確認・承認する場合と，
監督側で確認・承認する場合だ。アペタイトのブリーチがあれば，当然のこと

ながら，監督側で回復手段，是正措置が指示されることになる。レピュテーションはKPI，KRIとしては，監督側にわかりづらい面もあるため，執行側からは丁寧な説明が必要となろう。

　このように，レピュテーショナル・リスクを他の定性目標と同様にリスクアペタイトとしてPDCAが回る仕組みに組み込むのは，RAFの枠組みの活用により，執行のみならず監督側の牽制・チェックも期待できるうえ，他のアペタイトとともに各部門へのカスケードダウンを通じてレピュテーショナル・リスク管理の意識が高まる効果も期待できると考えられる。やはり課題は，防止策の位置づけ・有効性で，これは不断のモニタリングにより各関係者の着意を高めていくことが地道な改善策といえる。

3　3線防衛とアペタイト

　RAFは3線防衛とも密接に関係し，ガバナンスを相互に高める役割を果たす。3線防衛の観点も含めて，リスクアペタイトにレピュテーショナル・リスク管理を組み込む場合にいかに機能するのか検討する。第2章も参照されたい。

　まずは，3線防衛とアペタイトの関係をみてみる（**図表5－5**）。3線防衛は，1線である営業部門・フロント部門の自律的な統制・管理を期待することで顧客やマーケット現場に直面する部署にファーストライン防御を期待する。これに対して2線のリスク管理所管部署・コンプライアンス所管部が1線の防御状況を確認・モニタリングするほか，防御の状況をリスク計量により定量的に把握したり，定性的なKPI・KRIで俯瞰的に状況をモニタリングし経営へ報告することが期待される。3線は，内部監査部署が1線，2線それぞれの防御状況をモニタリングし，必要に応じて取締役会等監督サイドへの報告を行うことが期待される。最近では，リスク管理の専門性が高まると同時に営業部門を営業に集中させるために，1線内で別にリスク管理等を担わせる1.5線という役割も登場している。

　これに対して，3線防衛に沿ったRAFでの役割は，いわゆる2線が主役と

なる。企画・財務がリスク管理部署と一体となってアペタイト設定し，キャピタルとともに，これを細分化して1線にカスケードダウンしそれぞれの営業部門のアペタイト・キャピタルを配賦する。1線は，カスケードダウンされたアペタイトに沿って業務運営を行い，キャピタルを費消する。3線の役割は3線防衛と変わらず，RAF運営全体のプロセスを監査するイメージだ。

図表5−5　　3線防衛

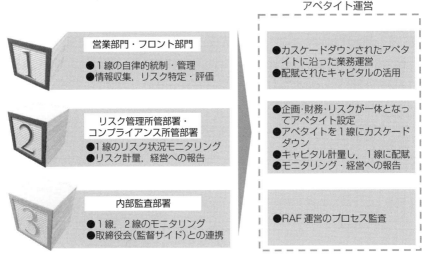

これに，特にレピュテーショナル・リスク管理を組み込む場合のポイントを考えると以下のとおりだ。1線は，顧客やマーケットの現場に直面するので，まさにレピュテーショナル・リスクに晒されることになり，特に重要な役割を果たす。レピュテーショナル・リスクは原因行為とリスクの顕在化の因果関係が困難という面があるが，この原因となる事象を機敏にかぎ分けて2線に報告するような役割が必要だ。それこそ顧客の気になる評判や，マーケット関係者の噂話等幅広く情報を拾う必要がある。

このためには，2線の支援も不可欠だ。専門的な見地から，対外事例やメディアでの動向などを1線に伝えて，どのような情報・反応がレピュテーショ

ナル・リスクにつながるかという目線を提供して1線の感度を高める必要がある。また，レピュテーショナル・リスク　VaR等ユーステストでレピュテーショナル・リスクを削減するインセンティブが1線で有効に機能すれば問題ないが，定性的なKPIでの管理ではなかなか1線の感度を有効に高めるのが難しい面もある。営業の定性的な業績評価（レピュテーションに関する情報量の提供，未然に防止した際の表彰等）に反映する等の工夫が必要となるかもしれない。

　レピュテーショナル・リスク管理での2線の役割は複合リスクであることに鑑み，リスク所管部間の役割分担が課題となろう。そのうえで，関係部署間で連携して，ポテンヒットとならないように，レピュテーショナル・リスクへの一貫した対応を確保する必要がある。また，SNSでの噂等の情報伝達速度の速さからレピュテーショナル・リスク対応は素早い対応が必要なため，時宜を得て経営の判断を仰ぐ必要がある。反面，原因行為とその影響の関係が評価しづらいこともあり生煮えの段階であげても経営が判断材料に困ることもありうるため，どのタイミングでエスカレーションして経営に報告・相談するかの見極めは重要である。第7章で紹介するとおり，専門のレピュテーショナル・リスク委員会を設置して情報や議論の集約を図っているところもあり，関係部署の連携や経営へのエスカレーションのタイミングなどの課題への解決の一助となる場合もあろう。

　なお，本源的に定量化しづらいリスクである性格から，レピュテーショナル・リスク　VaRの活用も含め，どのようなKPI・KRIを採用して管理・モニタリングするかは非常に重要なポイントだ。第6章でも検討するが，どの範囲までリスク対象としてカバーするかも観点は異なるが重要な点である。例えば，ブランド名でレピュテーショナル・リスクを考える場合，ブランド名を冠した商品を販売する関連先も含むことになり，3線防衛・アペタイトの枠組みではカバーできない可能性もある。

　3線においては，レピュテーショナル・リスクが複合リスクであることに鑑み，複数の関係部署の横串を差すようなテーマ監査の実施や適切な監査計画の

立案に特に留意する必要がある。

　このように，３線防衛とRAFの機能をハイブリッドに活用しながら，第２章で検討したように，レピュテーショナル・リスク管理をしっかりと組織全体に浸透させていく必要がある。

④ 具体的なアペタイトのイメージ

　具体的なアペタイトはどうすべきか？　非財務リスクをアペタイトにする場合には常につきまとう課題だ。第３章で検討したとおり，定性的な指標と定量的な指標があり，ここでは，双方について検討する。

　定性的なアペタイトとしては，ステークホルダーを意識して，従業員の働き甲斐向上（従業員目線），顧客第一主義・顧客満足の徹底（顧客目線），地域・社会への貢献（社会貢献目線）などのほか，自社ブランド価値の向上，企業カルチャーの醸成などへの組込みも考えられる。アペタイトとしてはかなりハイレベルなものとなり，時間軸でいうと短期的なアペタイトというよりは，恒久的なアペタイトの類となろう。

　定量的なアペタイトとしては，レピュテーショナル・リスク　VaRのほか，不芳記事件数，SNS悪評の件数，重大苦情件数（含むNGOからのネガティブな評価件数）等の他，顧客満足度ランキングなども考えられる。第３章で検討したとおり，ステークホルダーの関心ごとに設定することも可能だが，アペタイトの性格上，全社としての目標として設定するのが妥当であろう。

　両者の長所・短所を考えると（**図表５−６**），定性的なアペタイトの長所としては，会社の目指す方向が概括的に明確となるうえ，ハイレベルなもののため，対外的な説明や取組姿勢を無理なく開示することができよう。一方，短所は，モニタリングするうえで，アペタイトの遵守状況が把握できないことと，リスク削減インセンティブがそのままでは困難なため，工夫が必要という点だ。

　定量的なアペタイトは，レピュテーショナル・リスク　VaRを考えた場合，他のリスクカテゴリーである信用，市場，オペレーショナル・リスク等と同様

にキャピタル管理への組込みが可能であり，他リスク量との比較も可能だ。当然のことながら，定量的にアペタイトの遵守状況がモニタリング可能で，計量される数字に1線部門のリスク削減取組を反映する仕組みとすれば，1線サイドでリスク削減インセンティブが生じることも長所だ。一方で，レピュテーショナル・リスク VaRとした場合，全体の経済資本には限界があることから，レピュテーショナル・リスク VaRを計上した分だけ，他のリスク量を削る必要があり，この点は社内で慎重な議論が必要だ。また，オペレーショナル・リスクのKPIでも問題となることが多いが，アペタイト，すなわち，進んで取るリスクというイメージと，定量的なアペタイト（例えば，不芳記事件数）で概念的に違和感のある場合もある。さらにレピュテーショナル・リスクの場合，外生的要因が多いとみられることも議論を呼ぶ背景となる。

筆者としては，是非ともレピュテーショナル・リスク VaRによる管理をお勧めしたいところではあるが，各金融機関のリスクプロファイル，現状の管理態勢等に応じて，定量指標，定性指標を使い分けるのが妥当であろう。

図表5-6 レピュテーショナル・リスクの定量/定性アペタイトの長所/短所のイメージ

	長所	短所
定性的なアペタイト	●アペタイトとして会社の目指す方向が明確化 ●ハイレベルなものとなるため，取組姿勢の開示が可能	●アペタイトの遵守状況の把握が困難 ●リスク削減インセンティブに工夫が必要
定量的なアペタイト	●VaRであればキャピタル管理への組込み可能 ●アペタイトの遵守状況を数字で把握しやすい ●1線部門にカスケードダウンすることでリスク削減インセンティブが生じる	●VaRについては，計測方法の社内での合意形成が課題 ●VaR以外はアペタイトとすることの妥当性（外生的要因が多い等）が課題

以上，アペタイトへの反映を具体的に検討したが，次章では，フォワードルッキングという視点で，今後，拡大しそうなレピュテーショナル・リスクの範囲について検討する。

◆ コラム9 芸能人のイメージと企業のイメージ

　芸能人をCMに起用しそのイメージとともに販売促進を図る例は多い。例えば，化粧品であれば人気の女優やアイドルが登場し美しさや可愛さを前面に出して商品イメージと結びつけるようなケースもあろうし，食品であれば，芸人やスポーツ選手が食欲旺盛に食べる姿を前面に出して商品のイメージアップを図るケースもあろう。金融だと商品のイメージというよりは，生活支援との関係や金融サービスの親しみやすさなどをタレントが表現する場合もある。いずれにせよ，視聴者にはある程度その芸能人と企業イメージがオーバーラップする。このため，芸能人が行き過ぎた言動や不適切な言動をするとCMに起用している企業にも批判が飛び火することになる。例えば，ジェンダーに関する過激な発言，反社会的勢力とのつながり，セクハラ行為などだ。

　人間のイメージの問題なので，まさか「もの」のようにサードパーティリスクの1つとして管理する訳にもいかない。芸能事務所という観点であれば別だが，芸能事務所が全ての配下のタレントを均一なレベルとなるように管理できるわけではない。やはり，ここは起用するタレントのイメージと自社もしくは自社商品のイメージがいかに関係するのか，客観的な分析ではなく，相性や雰囲気といったことも含めて目利きが必要だ。しかし，そのためには，改めて自社のイメージ，ブランドとは何かを突き詰める必要がある。企業は，様々な人の集合で成り立っているので，カリスマ社長が企業イメージそのものを代表しているような例外を除いて，個別の人に結びつけて企業のイメージとするのはなかなか難しい。企業のカルチャーや目指すものは何か，マテリアリティと考える価値は何かなど深く掘り下げて自社のイメージ，ブランドイメージを洗い出すいい機会なのかもしれない。

進化，拡大する
レピュテーショナル・リスク

第6章では，第1章で整理した過去のレピュテーショナル・リスクの範囲に加えて，昨今の様々な社会情勢，金融環境の変化を踏まえて進化，拡大しているレピュテーショナル・リスクの範囲について検討する。具体的には「サードパーティ」「サステナビリティ」「コーポレート・ブランド」の3つの観点からレピュテーショナル・リスクについて検討し，レピュテーショナル・リスクの範囲が一層拡大する余地がある状況をみてみる。「サードパーティ」と「サステナビリティ」では定義を整理したうえで，国際的なスタンダードを考慮しつつレピュテーションとの関係を考察する。「コーポレート・ブランド」では第1章で触れたステップイン・リスクも勘案したうえで，その対象範囲について論じる。

1 サードパーティまで考慮したレピュテーショナル・リスク

1 サードパーティとは

　サードパーティという言葉は直訳すれば「第三者」であり，当事者以外のものという意味になる。本書においては，「第三者」という意味ではなく，いわゆる「ビジネスにおける『サードパーティ』」の意味で用いる。

　「ビジネスにおける『サードパーティ』」とは，以下のようなイメージだ（**図表6-1**）。例えばA社がB社と契約をして，一定の期限までに商品を納品する必要があるケースを想定する。この際にA社目線で考えれば，自らがファーストパーティになり，商品の提供先のB社がセカンドパーティとなる。そして言葉どおりの意味で考えれば，A社とB社を除くすべての存在が第三者となりうるが，ここでは二社の間で結んだ契約に注目し，「ビジネスにおける『サードパーティ』」は，この商品・サービスの提供等を実現するために必要な組織や事業者を示す。具体的には，サプライヤーや製造の委託先，商品の輸送業者，

図表6-1　ビジネスにおけるサードパーティの考え方

A社がB社に商品を提供する契約

A社　ファーストパーティ

B社　セカンドパーティ

商品提供に必要な事業者　サードパーティ

販売の代理店等のサプライチェーンを構成する事業者や，自社システムを担うベンダーや弁護士等の自社ビジネスの継続を担う事業者が該当する。

　グローバル化や技術の進歩，専門性の細分化等により，サードパーティの範囲は拡大し続けている。サードパーティがさらに再委託する場合はフォースパーティとなり，その先は無限に続く可能性もあり，「N」thパーティーまで範囲が広がり管理も煩雑だ。しかし，サードパーティを活用することによって自社のみでは不可能だった専門業務が提供できるようになるほか，自社で提供するよりもコストを抑えて提供することも可能となり，今まで以上の企業価値創造につながることから，現代の企業においてサードパーティは極めて重要な役割を果たしている。

2　サードパーティリスクとは

　サードパーティが自社の事業や業績に与える影響をサードパーティリスクと呼び，これを適切に管理することは各企業の業務遂行のうえで，重要な課題だ。2022年12月に金融庁が公表した「オペレーショナル・レジリエンス確保に向けた基本的な考え方（案）」でも金融機関が重要業務を継続するうえで，サードパーティリスク管理の重要性が明記されている。

　サードパーティには多様な事業者が存在しており，そのリスクも多岐に渡る。例えば**図表6－1**におけるB社に商品を提供するために必要なサプライヤーの有するリスクについて考えてみると，何らかの事情により商品の供給がされないリスク，供給された商品の品質が要求を満たさないリスク，提供した自社の情報を漏洩されるリスク，知的財産権を侵害されるリスク，その他法規制を違反されるリスク等，他にも様々なリスクが内在している（**図表6－2**参照）。

図表6－2　サードパーティリスクの例

事業継続性リスク	安全・衛生面リスク	情報リスク	犯罪・金融犯罪リスク
財務健全性リスク	労働者の権利に関するリスク	データプライバシーに関するリスク	集中化リスク
コンダクトリスク	二次受けリスク	制裁措置に関するリスク	地政学リスク

　サードパーティの広がりも考えると，全てのサードパーティリスクを把握するのは現実的に困難だ。自社の重要業務にどのようなサードパーティが関与するのか分析したうえで，サービスの専門性，特殊性，代替性等を勘案しながら，優先順位をつけてサードパーティリスク管理を実施する必要がある。

3　サードパーティリスクとレピュテーションの関係

　サードパーティリスクが顕在化した場合は企業のレピュテーションにも影響するので要注意だ。例えば，**図表6－1**のA社の重要業務に関連するサプライヤーからの供給がストップしたケースを考える。この場合，A社は他サプライヤーを用いた材料の調達による代替サービスの模索や，取引先との納品個数・時期の調整による需要者側との調整などを実施する必要があろう。本来は存在しなかった追加の人件費等の投入や納品個数の変更による売上の減少を余儀なくされ，実際にサードパーティリスクが顕在化することによって企業の財務に影響が生じ，さらにはレピュテーションにまで波及する可能性もある。前述の調整で既定あるいは変更した納品を達成することができれば問題ないが，仮にできなかった場合は購入予定者から反感の声があがることは想像に難くない。対個人の商品であれば，購入予定者がSNS等に不満を書き込む可能性も高い。そうなった場合，商品を購入する予定のなかった人間にまでこの事件が伝わる可能性もある。ポイントは，A社のサプライヤーそのもののレピュテーションとしてではなく，顧客と相対するA社のレピュテーションの毀損となることだ。

　以下では，実際にサードパーティリスクが顕在化することによって本体の企業のレピュテーションが毀損した例を紹介する。

⑴　自動車会社ディーラーのケース

　まずは最近起きた自動車会社ディーラーのケースを紹介する。大手自動車会社傘下にある自動車会社ディーラーで，同社は，顧客情報を含む個人情報の管理等を委託する委託先のサーバーが第三者からの不正アクセスを受け，サーバーに保存されていた個人情報が流出した可能性がある旨を発表した。流出し

た情報には氏名・メールアドレス・電話番号・年齢・職業等が含まれていた。また，一部の流出したメールアドレスに対して不審なメールが送付されていた。同社はこれを受けて外部セキュリティ専門家と連携しながらセキュリティ体制の改善について宣言したほか，個人情報が流出した可能性のある顧客に対して電子メール等を用いて個別の連絡を行った。

　直接的に不正アクセスを受け，情報を流出したのは同社ではなく委託先のサードパーティであるが，各紙では当該自動車会社ディーラーの名前と同社のHP上の声明をメインに据えた記事が出された。また，Twitter上では同社の名前とともに，流出したメールアドレス宛に送付された不審なメールに関する投稿が行われた。

(2)　新興携帯電話会社のケース

　次に新興携帯電話会社のケースを紹介する。複数の報道機関によって，同社が携帯電話基地局整備に関して取引先から不正な水増し請求を受けており，その被害が巨額に上る旨が報道された。これらの報道を受けて同社はHP上にて元従業員が取引先と共謀して不正な請求を行っていた疑いが生じており，専門家と協議しながら調査を行う旨を公表した。加えて，内部管理体制の強化や社内規定の周知，コンプライアンス教育の徹底に関しても述べている。その後，当該取引先から部品材料の輸送などを受注していた運送会社が国税局から巨額の所得隠しが指摘されていたことが明らかとなり，一連の不正は同社元従業員や当該取引先，運送会社社長が共謀して行ったと見られている。

　一連の事件の見出しでは新興携帯電話会社の名前が用いられており，実際に問題となった当該取引先や運送会社については新興携帯電話会社委託先とされているケースが多く，Twitter上では一連の事件の記事を引用し，同社の経営に対して苦言を呈するようなツイートが投稿された。

　この2例を見てわかるように，直接的に問題が起こったのは委託先のサードパーティであるが，規模や知名度から来る報道のわかりやすさ・訴求力の関係からか委託元のファーストパーティの名前が前面に出る形になった。一見見出

しを見ただけでは委託元が問題を起こしたと誤解されかねない。また，SNS上で個人が拡散する際も同様に委託元の名前が使われるケースが多い。もちろん，適切に委託先を選定・管理できていないという点では委託元に全く非がないとはいえないが，2例とも被害者として警察に相談を行っている立場にもかかわらず，レピュテーションの毀損を招く結果になってしまっている。このように，サードパーティリスク管理の失敗がレピュテーションに与える影響は非常に大きく，サードパーティの業務運営も適切に監視し，コントロールしていく必要がある。

4　サードパーティリスクの管理手法

サードパーティリスク管理の重要性に鑑み，各国の当局も様々なガイダンスを出している（**図表6－3**）。

2022年10月にG7が公表した「G7 Fundamental Elements for Third party

図表6－3　**サードパーティに関する各国のガイドライン**

発表団体	ガイダンス名	公表時期
G7	G7 Fundamental Elements for Third party Cyber risk management in the Financial Sector	2022/10
IOSCO	Principles on Outsourcing of Financial Services for Market Intermediaries	2005/2
BCBS	Cyber -resilience Range of practices	2018/12
	Guidelines Sound management of risks related to money laundering and financing terrorism	2017/6
BOE　Prudential Regulation Authority	Outsourcing and third party risk management (Consultation paper)	2019/12
European Banking Authority	EBA guidance on outsourcing arrangements	2019/2
SEC	Use of Third party security features	2019/5
Monetary Authority of Singapore	Guidance on outsourcing risk	2016/7
HK Monetary Authority	Supervisory policy manual: Outsourcing	2001/12

Cyber risk management in the Financial Sector[1]」（金融セクターにおけるサードパーティのサイバーリスクマネジメントに関するG7の基礎的要素）では，金融セクターにおけるサードパーティリスクの中でも特にサイバーリスクの管理手法について規定している。近年ではサードパーティ利用の増加の中で，特に情報通信技術プロバイダの利用拡大が大きな割合を占めていることから2018年に最初の「G7 Fundamental Elements for Third party Cyber risk management in the Financial Sector」が公表された。これはサードパーティのサイバーリスク管理のツールとして6つの基礎的要素を示したものである。2018年以降の業界の進展に対応するために改訂され，7つの基礎的要素を包含したものが2022年10月に発表された形である。具体的には「ガバナンス」「サードパーティのサイバーリスクに対するリスクマネジメントプロセス」「インシデント対応」「コンティンジェンシープランと出口戦略」「潜在的なシステミックリスクのモニタリング」「セクター横断的な調整」「金融セクターのサードパーティ」で構成されている。以下では，金融庁が発表した仮訳[2]を引用しながら，それぞれの基礎的要素の内容を見てみる。

要素1：ガバナンス

　「金融機関のガバナンス組織は，サードパーティのサイバーリスクマネジメントの効果的な監視及び実行に関する責任を有すること。」

　各企業のガバナンス組織である取締役会，役員会がサードパーティリスクマネジメントの責任を有することが重要としている。ここでいう監視及び実行には，サードパーティに関する戦略・方針の策定や，リスク許容度の設定，責任及び説明責任の明確化等が含まれている。取締役会レベルでサードパーティリスクに関する方針を定め，具体的な管理体制を明確化する必要があるというこ

1　金融庁　G7 FUNDAMENTAL ELEMENTS FOR THIRD PARTY CYBER RISK MANAGEMENT IN THE FINANCIAL SECTOR　thirdparty_fe.pdf（fsa.go.jp）
2　金融庁　金融セクターにおけるサードパーティのサイバーリスクマネジメントに関するG7の基礎的要素（仮訳）thirdparty_kariyaku.pdf（fsa.go.jp）

とである。場当たり的にサードパーティの利用を始めるのではなく，このように前提となる部分を整理しなければ適切にサードパーティリスクを管理することは難しいだろう。前述の2例では，いずれもサードパーティリスクが顕在化した直後に声明を発表していたが，もしこれが遅れればさらなるレピュテーションの毀損につながりかねない。事前に方針を定め，責任を明確化することによって有事の際の迅速な対応が可能になる。

要素2：サードパーティのサイバーリスクに対するリスクマネジメントプロセス

「金融機関は，サードパーティのリスクマネジメントのライフサイクル全体を通じ，サードパーティのサイバーリスクを管理する有効なプロセスを有すること。」

ここでいうリスクマネジメントのライフサイクルとはリスクの特定，評価，監視，報告，対応の一連の流れを意味している。最初に企業が行うべきことは「サードパーティと重要性の特定」である。全てのサードパーティを一覧化し，提供するサービスや機能から重要度に応じた属性分けを行う。例えば，直接的な商品の材料を提供するサプライヤーの1社と商品の販売代理店の1社を比較すれば前者の方が重要度の高いサードパーティといえる。後者での販売がストップしたとしても他の代理店では販売が行えるが，前者の材料の供給がストップすれば全ての商品の販売がストップしてしまう。もちろん，いずれも重要なサードパーティであることに変わりはないが，前述のように企業には無数のサードパーティが存在しており，その全てに注力することは難しい。そこで，全体をリスト化して重要度をつけておくことにより，効率的な管理が可能になる。

次に行うべきことは「リスクの評価とデューデリジェンス」である。新たなサードパーティと契約する，あるいは契約を延長する前にサードパーティのリスクを潜在的なものも含めて把握する必要がある。具体的にはサードパーティの現在のリスク戦略や過去のパフォーマンスを確認する。規制には適切に対応しているか，過去に重大なインシデントは発生していないか，現在の管理体制

から見て将来的なリスクはないか，これらを踏まえた適切なリスク評価が重要
である。

　そして次に行うべきことが「契約の構成」である。サードパーティとの契約
の際には法的義務や関連当局の要件を満たした契約を結ぶべきである。リスク
評価の結果を踏まえて，取引の対象やパフォーマンスの基準，情報及び監査に
関する権限，報告規程，再委託，契約終了の条件など詳細に条件を定めること
が有事の際の迅速な問題解決につながる。

　最後に行うのが「継続的なモニタリング」である。契約締結後も継続的に
サードパーティの重要性やリスクの変化をモニタリングし，契約履行状況を確
認する必要がある。このモニタリングの際にはリスクの重大性を基にその厳密
さを強化することが重要になる。サードパーティからの成果物の確認のみなの
か，定期的な連絡を要求するのか，実際に視察に行くのか，すべてのサード
パーティの視察を行うことは現実的ではないが，重大なリスクを抱えたサード
パーティに適切なモニタリングを行うことがリスクを顕在化させないためには
肝要である。

要素3：インシデント対応

　「金融機関は特に重要なサードパーティを含むインシデント対応計画を策定
し，演習を実施すること。」

　これまでの説明や実際にサードパーティリスクが顕在化してしまった例を見
ればわかるように，サードパーティに関するインシデントを完全に予防するこ
とは難しい。そこで，インシデントの検知・情報収集方法の整備やサードパー
ティ・当局との連絡手段の確保を含めた適切なインシデント対応計画を設ける
必要がある。また，その計画に沿って定期的な演習を行うことも重要である。
定期的な演習を行うことで，自社のサードパーティリスク管理の弱点や，想定
しているインシデント対応計画の適切性の評価を行うことができる。また，可
能であればサードパーティやその他関係者と共同で演習を行えばより実効性が
高まる。ここで協力を依頼するサードパーティは，要素2で得た重要度評価や

リスク評価を基に選択することが理想である。こういった定期的な演習を通してインシデント対応計画を見直し高度化を進めることで，サードパーティリスク顕在化時のレピュテーションの毀損を最小限に抑えることができる。

要素4：コンティンジェンシープランと出口戦略

　「金融機関は，サードパーティがサイバー関連のパフォーマンスの期待要件を満たさない場合又は金融機関の許容範囲を超えるサイバーリスクをもたらす場合に備えて，適切なコンティンジェンシープランと出口戦略を有しておくこと。」

　企業は自社の持つ重要な機能を提供する能力を確保するために，実行可能なコンティンジェンシープランや出口戦略を策定・維持する必要がある。要素3はサードパーティリスクが顕在化した際に一時的なファーストアクションであるが，要素4はその後に自社の事業を継続するためのプランについて述べている。主要な材料サプライヤーの運営能力に変化が生じ，材料の提供が止まった場合はどのようにするのか，複数のプランを想定し，その実効性を検証することによって有事の際も事業を継続することができ，レピュテーションを維持できる。それどころか，インシデント後に適切な対応を行い事業の維持に成功すれば，レピュテーションが向上することも考えられる。

要素5：潜在的なシステミックリスクのモニタリング

　「金融セクター全体にわたるサードパーティとの取引がモニタリングされるとともに，潜在的にシステミックな影響を及ぼす可能性を有するサードパーティのサイバーリスクの要因が評価されていること。」

　サードパーティが特定の企業に複数，あるいは重要な機能を提供している場合や複数の企業が同様のサードパーティを使用している場合，そのサードパーティが機能不全に陥れば大きな影響を与えるリスクがあり，これを集中リスクという。こうした集中リスクが顕在化した際はシステミックな影響が想定される。特に金融機関ではシステミックリスクは重要視されるので注意が必要だ。

これは特定の金融機関や市場，決済システム等の機能不全が他の金融機関や市場，金融システム全体に波及するためだ。金融セクターにおいては，各金融機関の取引や決済システムが相互に深く結びついていることを再認識する必要がある。

要素6：セクター横断的な調整

「セクターを跨るサードパーティへの依存に関連したサイバーリスクは，それらのセクター間で特定のうえ，管理されていること。」

金融セクターは特に顕著であるが，特定のセクターが他のセクターのサードパーティに依存しているケースがある。こういった状況で前述のシステミックかつセクター規模のインシデントが発生した場合は各企業の業務提供に大きな影響が与えられる可能性がある。そのため，セクター間を跨いで協調しながらこうしたリスクを特定，管理する必要があろう。例えば，他のセクター及び重要インフラに関するフォーラムとの協働が考えられる。

要素7：金融セクターのサードパーティ

「金融機関と契約するサードパーティは，金融機関のリスク管理要件が，サービス・物品の提供に影響を及ぼす可能性を認識すべきである。」

要素7はこれまでと違って，各企業と契約するサードパーティに対して奨励する事項が述べられている。各企業はサードパーティの提供するサービスの安全性や健全な運営の確保を行う必要がある一方で，サードパーティ側も各企業がリスクを特定・評価・監視・軽減してリスク管理要件を遵守することを支援する必要がある。例えば，要素3や要素4で触れたように，各企業は有事の際に備えて対応計画を用意しているが，リスクが顕在化する前にサードパーティ側からその予兆について共有されれば，リスクの顕在化を防ぎ，2社のレピュテーションを守れる可能性がある。

これらの7つの基本要素を基に自社のサードパーティリスク管理態勢を指差

し確認し，堅固なサードパーティリスク管理体制を構築したうえで，いわば，自社の直接的な責任ではないことに起因するレピュテーションの毀損を防止する必要があろう。

② サステナビリティに関連したレピュテーショナル・リスク

　サードパーティに続いて，レピュテーショナル・リスクの範囲が拡大する要素としてサステナビリティについて検討する。気候変動に関するTCFD等国際的な枠組みの浸透が進んでいるが，こうした枠組みは開示を起点とし，市場の自律的ガバナンスを期待する仕組みが基礎となっている。開示内容が市場に評価されるため，評価機関のみならず，NGOなど様々な機関が評価することとなり，サステナビリティへの取組み・開示への対応の巧拙はレピュテーショナル・リスクの顕在化と関係する。英4大銀行の1つであるHSBCでは，レピュテーショナル・リスク管理はサステナビリティと一体化して管理しており，サステナビリティに関するレピュテーショナル・リスク管理は要注意だ。

1　サステナビリティとは

　サステナビリティのルーツは1987年に国連の「環境と開発に関する世界委員会」（WCED=World Commission on Environment and Development）が発表した報告書「Our Common Future」にある。WCEDは1984年に国連に設置され，8回の会合の結果を「Our Common Future」で取りまとめた。これは「未来への脅威」「持続可能な開発に向けて」「国際経済の役割」等の12章で構成されており，2章の「持続可能な開発に向けて」において取りあげられた概念である，「将来の世代の欲求を満たしつつ，現在の世代の欲求も満足させるような開発」という考え方が現在のサステナビリティの源流となっている。環境と開発は共存するものであり，環境保全を考えた開発が重要であるという考えを示したのだ。

　この概念は1992年にリオデジャネイロで開催された国連環境開発会議（地球

サミット）で広く普及した。これは世界172カ国の首脳が参加するかつてない
ほど大規模な会議となり，「持続可能な開発」をテーマとして約2週間議論を
行った。結果として，「気候変動枠組条約」と「生物多様性条約」への署名が
開始され，「環境と開発に関するリオ宣言」や「アジェンダ21」，「森林原則声
明」の文書の合意が行われた。特に「アジェンダ21」は持続可能な開発におけ
るグローバルな行動のための包括的な行動計画であった。

　1997年にはニューヨークにおいて「国際連合特別総会」（UNGASS =Special
Session of the United Nations General Assembly）が開催され，「アジェンダ
21の一層の実施のための計画」が採択された。さらに2002年にはヨハネスブル
グで「持続可能な開発に関する世界首脳会議」（WSSD= World Summit on
Sustainable Development）が開催され，「アジェンダ21」や「アジェンダ21の
一層の実施のための計画」の見直しが行われ，成果物として「持続可能な開発
に関するヨハネスブルグ宣言」と「ヨハネスブルグ実施計画」が採択された。
地球サミットから20年となる2012年には「国連持続可能な開発会議」（リオ＋
20）が開催され，地球サミットから協議されていた持続可能な開発を実施する
ための具体的な措置を載せた成果文書である「われわれが求める未来」が採択
された。

　このようにサステナビリティは，国連等国際的な枠組みに基づく，いわば
「国」レベルの取組みであり，各企業に具体的に求められるものという認識で
はなかったため，レピュテーションの対象も「国」であり，企業レベルではな
かった。これが企業レベルのレピュテーションと関係するのは後述するサステ
ナビリティに関する様々なInitiativesが企業レベルの取組み・開示を促すこと
になったためである。

2　サステナビリティに関する取組み

　国レベルの課題から企業レベルの課題となる契機となったサステナビリティ
に関する代表的なInitiativesとして，ここでは，「TCFD」「TNFD」「CDP」
「GRI」の4つについて見てみる。

⑴ TCFD

TCFDとは，G20の要請を受けて金融安定理事会（FSB＝Financial Stability Board）によって2015年に設立された「気候関連財務情報開示タスクフォース（Task Force on Climate-related Financial Disclosures）」のことで，企業の気候変動に関する情報開示のフレームワークを示したものだ。2021年に本邦で改訂された「コーポレートガバナンス・コード」[3]では，2022年4月の東京証券取引所の再編と相まって，再編後の最上位の市場となるプライム市場の上場会社

図表6－4　TCFD提言の概要

要求項目	ガバナンス	戦略	リスク管理	指標と目標
項目の詳細	気候関連のリスク及び機会に係る組織のガバナンスを開示する	気候関連のリスク及び機会が組織のビジネス・戦略・財務計画への実際の及び潜在的な影響を，重要な場合は，開示する	気候関連のリスクについて組織がどのように選別・管理・評価しているかについて開示する	気候関連のリスク及び機会を評価・管理する際に使用する指標と目標を，重要な場合は開示する
推奨される開示内容	a)気候関連のリスク及び機会についての取締役会による監視体制を説明する	a)組織が選別した，短期・中期・長期の気候変動のリスク及び機会を説明する	a)組織が気候関連のリスクを選別・評価するプロセスを説明する	a)組織が，自らの戦略とリスク管理プロセスに即して，気候関連のリスク及び機会を評価する際に用いる指標を開示する
	b)気候関連のリスク及び機会を評価・管理するうえでの経営者の役割を説明する	b)気候関連のリスク及び機会が組織のビジネス・戦略・財務計画に及ぼす影響を説明する	b)組織が気候関連のリスクを管理するプロセスを説明する	b)Scope1，Scope2及び該当するScope3のGHGについて開示する
		c)2℃以下シナリオを含む様々な気候関連シナリオに基づく検討を踏まえ，組織の戦略のレジリエンスについて説明する	c)組織が気候関連リスクを識別・評価・管理するプロセスが組織の総合的リスク管理においてどのように統合されるかについて説明する	c)組織が気候関連リスク及び機会を管理するために用いる目標，及び目標に対する実績について説明する

（出所）気候関連財務情報開示タスクフォース，気候関連財務情報開示タスクフォースによる提言（最終版），2017，14ページ

3　「コーポレートガバナンス・コード」は，東京証券取引所が定めているもので，実効的なコーポレート・ガバナンスの実現に資する主要な原則を取りまとめたものであり，これらが適切に実践されることは，それぞれの会社において持続的な成長と中長期的な企業価値の向上のための自律的な対応が図られることを通じて，会社，投資家，ひいては経済全体の発展にも寄与することとなるものとしている。なお，コーポレート・ガバナンスとは，会社が，株主をはじめ顧客・従業員・地域社会等の立場を踏まえたうえで，透明・公正かつ迅速・果断な意思決定を行うための仕組みを意味するとしている。

に，TCFD又はそれと同等の枠組みに基づく開示の質と量の充実を求めている。コーポレートガバナンス・コードは，東京証券取引所が定めたもので，規制的な意味合いはないが，TCFDが上場基準に採用されることで，まさに，自律的な市場ガバナンスの枠組みで浸透が図られる結果となった。

　TCFD提言は「ガバナンス」「戦略」「リスク管理」「指標と目標」の4つの要素で構成されており，項目ごとに推奨される開示内容が示されている。

⑵　TNFD

　TNFDは2021年に設立された「自然関連財務情報開示タスクフォース（Taskforce on Nature-related Financial Disclosures）」のことで，いわば，TCFDの自然資本版ともいえるものだ。TCFDの登場により各企業が気候変動と企業の影響を考えるようになったが，それだけではなく企業が自然に与える影響や自然への依存度について考えることで各企業の取組みを自然にとってプラスの方向に進めるための開示のフレームワークとしてTNFDが生まれた。TCFDはGHG排出量削減を指標と目標の軸にするが，TNFDは自然環境を対象としているため，土壌，淡水，海水，大気など広範な領域を対象とし，指標と目標もそれぞれの領域で設定される予定であり，TCFDよりも複雑だ。

　2022年11月にβ版のフレームワークv0.3が公表されており，現在はパイロット的に複数の企業の協力を受けてフレームワークの開発を進めるオープンイノベーション・アプローチを取っている。2023年9月にフレームワークの最終版の公表を予定している。TNFDは，TCFDの基本的な枠組みである4要素（「ガバナンス」「戦略」「リスクと影響の管理」「指標と目標」）を踏襲しており，今後，TCFDと同様に開示を軸とした自律的な市場ガバナンスで浸透を図っていくことが確実視されているから要注意だ。特に，自然資本に関する複数の指標と目標を，気候変動のGHG排出量削減目標との平仄も考慮しながら設定していく必要があると考えられ，仕組みそのものが複雑となることが予想されている点に留意が必要だ。

図表6－5　　TNFD β版のフレームワークv0.3

TNFD自然関連情報開示提言（v0.3）

ガバナンス	戦略	リスクと影響の管理	指標と目標
自然関連の依存度，影響，リスク，機会に関する組織のガバナンスを開示する。	自然関連リスクと機会が，組織の事業，戦略，財務計画に与える実際及び潜在的な影響を，そのような情報が重要である場合に開示する。	組織が，自然関連の依存度，影響，リスク，機会をどのように特定，評価，管理しているかを開示する。	自然関連の依存度，影響，リスク，機会を評価し管理するために使用される指標と目標を開示する（かかる情報が重要である場合）。

推奨された開示	推奨された開示	推奨された開示	推奨された開示
A. 自然関連の依存度，影響，リスク，機会に関する取締役会の監視について説明する。 B. 自然関連の依存度，影響，リスク，機会の評価と管理における経営者の役割について説明する。	A. 組織が短期，中期，長期にわたって特定した，自然関連の依存度，影響，リスク，機会について説明する。 B. 自然関連リスクと機会が，組織の事業，戦略，財務計画に与える影響について説明する。 C. 様々なシナリオを考慮しながら，組織の戦略のレジリエンスについて説明する。 D. 完全性の低い生態系，重要性の高い生態系，または水ストレスのある地域との組織の相互作用について説明する。	A. 自然関連の依存度，影響，リスク，機会を特定し，評価するための組織のプロセスを説明する。 B. 自然関連の依存度，影響，リスク，機会を管理するための組織のプロセスを説明する。 C. 自然関連リスクの特定，評価，管理のプロセスが，組織全体のリスク管理にどのように組み込まれているかについて説明する。 D. 自然関連の依存度，影響，リスク，機会を生み出す可能性のある，価値創造に使用される見解の情報源を特定するための組織のアプローチを説明する。 E. 自然関連の依存度，影響，リスク，機会に対する評価と対応において，権利保有者を含むステークホルダーが，組織にどのように関与しているかを説明する。	A. 組織が戦略及びリスク管理プロセスに沿って，自然関連リスクと機会を評価し管理するために使用している指標を開示する。 B. 直接，上流，そして必要に応じて下流の依存度と自然に対する影響を評価し管理するために組織が使用する指標を開示する。 C. 組織が自然関連の依存度，影響，リスク，機会を管理するために使用している目標と，目標に対するパフォーマンスを説明する。 D. 自然と気候に関する目標がどのように整合され，互いに貢献し合っているか，またトレードオフがあるかどうかを説明する。

（出所）TNFD 自然関連リスクと機会管理・情報開示フレームワークベータ版 v0.3 概要2022 年 11 月 P8　22-23032_TNFD_Executive-Summary_v4-JA.pdf

(3) CDP

　CDP（旧名：Carbon Disclosure Project）は2000年に設立された国際NGOを指す。「気候変動」「水セキュリティ」「フォレスト」の3つの環境課題に関する質問書を各企業に送付し，その回答を基にA，A-，B，B-，C，C-，D，D-と無回答企業のFの9段階でスコアリングを行い，情報開示を行っている。また，各企業の回答はHP上で検索・閲覧が可能になっている。2022年12月には2022年の結果が公表されており，世界では約18,000社，国内では約1,700社が回答した。CDPは2018年以降TCFDの枠組みに完全に準拠した形で「気候変動」に関する質問書を作成しており，2022年にプライム市場に上場した全1,841社に質問書を送付し，そのうち1,000社以上が回答を行っている。このように，CDPの調査は国内外問わず非常に重要なものとなっている。

　CDP 気候変動レポート 2022：日本版[4]によれば最も高い評価を受けたAリスト企業は国内で75社存在し，回答企業全体に占める割合は6.7%であった。この値は世界でトップであり，2位のアメリカの35社の2倍以上の数値となっており，日本における気候変動に関する意識の高さが表れている。CDPの回答内

図表6－6　CDPにおけるAリスト企業の状況

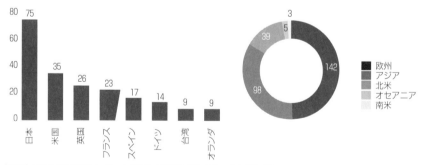

Aリスト国・地域別企業数（上位8か国）

Aリスト地域別企業数

（出所）CDP 気候変動レポート 2022: 日本版【ダイジェスト版】P6

4　CDP 気候変動レポート 2022: 日本版
　CDP_Climate_Change_Japan_2022_JP_summary_0203.pdf

容は，１回のアクセスに限りはあるものの，各企業が無料で参照できるため，様々な形でベンチマークとして使用されることも多く，特に開示の観点から留意が必要だ。

(4)　GRI

　GRI（Global Reporting Initiative）は，サステナビリティに関する国際基準と情報公開の枠組みを策定することを目的として1997年に設立された国際NGOだ。当時は企業活動が環境へもたらす影響を整理した統一された基準が存在しなかったことから，2000年に国際的かつ他分野にも適用可能な情報開示システムとしてGRIガイドラインが発行された。これにより企業活動が環境・社会に与える影響を詳細に捉えることが可能になり，企業の透明性や説明責任の実行性が向上され，ステークホルダーとの信頼関係の構築に大きく貢献した。

図表 6 － 7　　GRIスタンダード

（出所）「GRIスタンダード：GRI 3（2021,日本語版）P5

その後2016年にはGRIガイドラインに代わる概念としてGRIスタンダードを公表し，2021年10月には共通スタンダードの改訂版，2022年10月にはその日本語版を公表した。

　GRIスタンダードは全ての組織に適用される「GRI共通スタンダード」，個別のセクターに適用される「GRIセクター別スタンダード」，個別の項目に関連する内容の「GRI項目別スタンダード」という3つの要素で構成されている。項目別スタンダードでは経済，環境，社会等の項目から各企業にとってマテリアルな項目を選択することになっている。古くからある基準のため，GRIスタンダードを活用している企業も多く，やはり，開示に当たって留意すべき取組み・基準の1つである。

3　サステナビリティとレピュテーションとの関係

　繰り返しになるが，こうしたサステナビリティに関する取組みが企業に浸透していく方法として，企業が活動を開示することにより，その開示を市場が評価するという仕組みが活用されている。いわば，バーゼルの3つの柱でいうところの第3の柱に該当しよう。開示を通じた市場の自律的なガバナンスを前提とする仕組みのため，自ずと企業のレピュテーションとも深く関係する。例えば，第3章で紹介したレピュテーション評価機関であるRep Trakでは7つの評価項目の1つである「市民性」において，属性として「環境責任」をあげている。CDPでは「気候変動」「水セキュリティ」「フォレスト」それぞれについて質問書を送付し，気候変動だけではなく自然資本もカバーする内容となっている。

　サステナビリティに対する対応は，開示への対応のみならず，持続的な成長に向けてマテリアリティ課題をどう選定するか等企業の基本姿勢を問うまでにハイレベルなものとなっている。各金融機関でも企画部門にサステナビリティ対応部署を設置し，開示のみならずGHG排出量の計量や投融資先との脱炭素化支援の相談など組織的な対応も進んでいる。英4大銀行のHSBCのようにサステナビリティに付随するリスクとしてレピュテーショナル・リスクを捉える

アプローチも頷ける。レピュテーショナル・リスク管理の範囲としてサステナビリティを捉えるのか（例えば，NGOへの対応等），サステナビリティ推進・取組みの中でレピュテーショナル・リスクを捉えるのかは，各金融機関の態勢や考え方次第だが，管理態勢として漏れがないような留意が必要だ。

③ ブランド名毀損等とレピュテーショナル・リスク

　レピュテーショナル・リスクの範囲が拡大する要素の3つ目として，ブランド名毀損について考察したい。ブランドは，第8章でも検討するとおり，企業が顧客に対して示したい，または，発信する自社のイメージであり，本来ポジティブな意味で用いられるものだ。しかし，市場やインターネットでの売買・流通などに伴い，自社が管理対象と想定しているサードパーティ（サプライチェーンも含めて）の範囲を超えて，自社ブランドの商品のレピュテーション毀損が生じる可能性もある。①で検討したサードパーティは調達ルートやサプライチェーンなどを確認すれば全体を把握できるが，ブランド名毀損のケースは，当社のブランドという名前が使われる全ての市場（海外も含む）を対象とするものとなる。

1　ブランドとは

　まず，ブランドの定義を整理してみると，アメリカ・マーケティング協会（AMA）によれば，ブランドとは「個別の売り手もしくは売り手集団の商品やサービスを識別させ，競合他社の商品やサービスから差別化するための名称，言葉，記号，シンボル，デザイン，あるいはそれらを組み合わせたもの」とされている。また，「コーポレート・レピュテーションの測定と管理」（櫻井通晴，2011年）はブランドをプロダクト・ブランドとコーポレート・ブランドに分類したうえで複数の側面から相違点を述べている（**図表6－8**）。

図表6－8　プロダクト・ブランドとコーポレート・ブランドの相違点

ブランドの種類	プロダクト・ブランド	コーポレート・ブランド
対象の範囲	製品・サービス	企業全体
ライフサイクル	製品のライフサイクル	企業の存続期間
対象とする関係者	顧客・消費者	ステークホルダー
推進組織	広告業者，企業のPR部	PR室，IR室，CSR室
マネジメントの主体	ブランド管理室	経営トップ

（出所）「コーポレート・レピュテーションの測定と管理」（櫻井通晴，2011年）P176よりトーマツ作成

　企業の特定の商品のみを対象としているプロダクト・ブランドに比べて，企業全体を対象としているコーポレート・ブランドの方がライフサイクル・関係者の範囲が大きくなっている。また，この2つは異なる対象を持っているが互いに影響を与える。A社のブランドが失墜すれば消費者はA社の商品を買うことを控えるかもしれないし，反対にA社の商品にブランド価値を見出せなければ連動してA社自体に魅力を感じなくなることも考えられる。

　第1章で述べたように，プロダクト・ブランドとコーポレート・ブランドはコーポレート・レピュテーションと横並びの概念であり，共にレピュテーション関連インタンジブルズの構成要素となっており，相互に関連する概念だ。

2　コーポレート・ブランドの毀損

　プロダクト・ブランドは特定の商品と紐づくのでイメージしやすいが，コーポレート・ブランドの毀損は，どのような場合だろうか。それを考えるためには対象範囲である「企業全体」を考える必要がある。例えば子会社A'で何らかの不祥事が発生した場合に，親会社Aのレピュテーションに影響が出ることは容易に想像できる。では非連結の事業体についてはどうだろうか。

　金融セクターにはステップイン・リスクという概念が存在する。これは，「金融ストレス時に銀行が，シャドーバンク等の事業体に対して契約上の義務を超えて財政上支援するリスク」のことである。契約上の義務を超えてわざわ

ざ金融セクターが支援するのは金融の社会的な役割とそれに伴うレピュテーションの維持のためともいえる。シャドーバンク等とは具体的には証券化のための導管体，投資ビークル（SIV），MMFのような非連結の事業体を想定している。実際に，金融危機の際に銀行がレピュテーショナル・リスクに対応するため，契約上の義務を超えて，コンデュイット，ストラクチャード・インベストメント・ビークル（SIV），MMF等を支援する事例が欧米で多く見られた。こういった金融危機の経験や，銀行規制の強化により，リスクが銀行セクター外にシフトする将来の可能性も踏まえて，バーゼル委は2015年に市中協議文書「ステップイン・リスクの特定と評価」を公表し，2017年には「ステップイン・リスクの特定と評価」のガイドラインを公表した。このガイドラインの概要については第１章で述べているが，本章で注目したいのは非連結の事業体であってもレピュテーションの毀損につながるという点である。実際に非連結の事業体であっても主体となるコーポレート・ブランドの対象の範囲であり，レピュテーションに影響を与えることがわかる。この非連結の範囲を拡大していくとサードパーティの範囲まで入ってこよう。サードパーティリスクは自社の想定外のことでレピュテーションが毀損するが，ステップイン・リスクの場合は，自らのレピュテーションを気にしてわざわざ取りに行くリスクという違いかもしれない。いずれにせよ，サードパーティという契約で業務供給を本来確保している場合でも，証券化等契約により財務上のバランスから切り離した場合でも，レピュテーショナル・リスクは生じる可能性があるので，管理対象には要注意だ。

3　プロダクト・ブランドの毀損

　特定の商品と紐づくプロダクト・ブランドではあるが，商品の流通，売買が複雑化かつ国際化するなか，また，インターネット取引等で対面取引も減少するなか，プロダクト・ブランドのモニタリングは予想外に困難も予想される。「もの」であれば，製造物責任等もあり，製造元が法的な事情からモニタリングする必要もあろうが，金融商品には製造物責任はない。A社の社債をB証券

が個人の得意先Cさんに販売した場合，B証券が買い手のCさんに説明する責任はあるが，A社の社債の主幹事（製造元）であるD証券には目論見書等の誠実記載義務はあろうが，一度マーケットで消化したA社社債をB証券が販売する際には何ら責任を負わないだろう（**図表6－9**）。

　しかし，ここでD証券が証券主幹事となる際に，A社の社債を「Dシリーズ」のようなブランド名で売り出している場合はどうだろうか。Cさんが，世界的に有名なD社が社名を冠した商品として売り出していることを信頼して買った場合はどうだろうか。やはり，ここには先ほどのステップイン・リスクと同様に，D社のレピュテーショナル・リスクが生じると考えられる。ステップイン・リスクは事業体主体で考えるので，D社としてもどのような事業体と証券化のような取引をしたかは把握可能だが，「Dシリーズ」は一度マーケットで消化され流通し始めると，どのような投資家に渡るかもわからず管理はかなり難しい。国境を超えて購入した投資家は，その国の国内法でこうしたレ

図表6－9　ブランド名を冠した金融商品がレピュテーショナル・リスクを生み出すケース

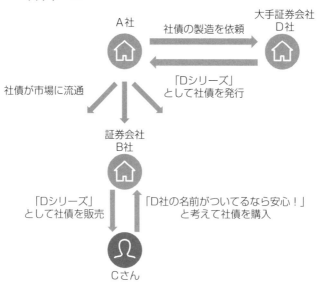

ピュテーションを保護するような投資家・消費者保護制度が今後できないとも限らない。少なくとも自社の名前を冠したプロダクトが市場でどのように流通し，投資家・預金者等からどのような評価をうけているのか情報収集を行う必要があろう。

　以上，レピュテーショナル・リスクの管理対象の広がりを見てみた。次章では，これまでの議論を実際の金融機関の事例をみながら検証する。

◆　コラム10　ツナマヨおにぎり事件

　2022年の正月に放送された，食をテーマにしたテレビ番組の企画が世間を騒がせるということが起きたが，これがネット民の勘違いにより全く違う人に飛び火したというケースが起きた。

　番組では，複数の一流料理人が，ファミリーレストランやコンビニなどの商品を審査するという企画が行われ，審査員が対象の商品を厳しく吟味し，商品が合格か不合格を決定し，その結果に製品開発者やプロモーション担当者が一喜一憂するというものだ。問題となった回では，コンビニが開発・販売する商品が審査の対象であったが，ツナマヨおにぎりの審査を行う場面において，審査員の一人が商品を見ただけで「食べてみたい気にならない」と食べることを拒否し，このことが世間から厳しく非難され，SNS（Twitter，Instagram，YouTube）には，「食べてジャッジするのに食べないって一生懸命作った相手に失礼」，「演出だとしてもこれは酷い，正月から不愉快な気持ちになった」などの非難が殺到した。この審査員がオーナーシェフを務めるレストランのGoogleマップ上のクチコミが荒れて，最低評価の星1つの批判レビューが相次ぐ事態となった。しかしながら，問題はこの批判レビューに関連して，ネット民の勘違いにより別の店がネットの標的にされたことだ。これは，テレビ番組の視聴者が批判レビューを書き込む際に，渦中のレストランを特定しようとネット上で検索を行ったが，完全な勘違いにより，番組関係者，番組とは全く無関係のお店に対して誹謗・中傷，迷惑行為が行われたのである。

　流石に，企業レベルで，このような流れ弾でレピュテーション上の被害を受けるのは稀かもしれない（1995年の大和銀行ニューヨーク支店巨額損失事件の折には，一部の海外投資家が，同じ「Daiwa」という名前のため，大和証券と勘違い

したという例はある）。しかしながら，こうしたケースでは勘違いした方の一方
的な過失であり，マスコミ対応はもちろん，法的な手段も含めて対応をあらかじ
め決めておき，毅然とした対応をとる必要がある。

第**7**章

ケーススタディ

本章では，レピュテーショナル・リスクについて実際の金融機関の事例を取り上げながら，その管理方法やレピュテーション向上のための戦略について検討する。まず，SVBの事例を基にSNS普及に伴うレピュテーショナル・リスクを取り巻く最近の動向について触れ，ウェルズ・ファーゴの事例では，適切なガバナンスを整えることの必要性を改めて確認する。次に，ソシエテ・ジェネラルの事例では，レピュテーショナル・リスクが発生してしまった際に重要なことの教訓について，シティの事例ではレピュテーショナル・リスク委員会を設置した具体的なガバナンス体制について考える。RBSの事例ではどのような取組みがレピュテーション向上に資するのかについて企業広報戦略研究所の調査結果を交えながら考察する。

1 SVB（シリコンバレーバンク）

1 背景

　SVBは，米国カリフォルニア州サンタクララ，通称「シリコンバレー」に本拠地を置き，シリコンバレーにあるスタートアップ企業やベンチャーファンドを取引先とする全米16位の規模の中堅行だった。2022年12月末で総資産は2,090億ドル（約28兆円），預金総額は1,754億ドル（約24兆円）であり，シリコンバレーにおける預金量のうち4分の1のシェアを有し，ベンチャーキャピタルが投資するスタートアップ企業の約半数がSVBと取引しているといわれるほど，シリコンバレーにあるスタートアップ企業に特化したビジネスモデルだった。

　こうしたビジネスモデルが功を奏し，金融緩和局面では，比較的リターンの高いベンチャーキャピタル，スタートアップ企業に資金が流入し，これらの資金がSVBに預金として預けられることによって資産規模は急激に拡大した。こうした調達拡大に対して，ローンによる運用が追いつかず，SVBは長期債投資（米国債，不動産担保証券等）で大半を運用することになる。しかし，ウクライナ紛争を契機に金融緩和から引締めへと転じると，この長期債投資に多額の含み損を抱える状況となっていた。

2 特徴

　2023年3月8日に，SVBは保有有価証券売却に伴う損失計上と増資を公表した。これは，仮想通貨取引所FTXの破綻を契機に，暗号資産を扱う同行の取引先銀行のグループ（シルバーゲートキャピタル）の事業閉鎖に伴うものであったが，同時に，構造的に膨れあがっていた長期債投資の多額の含み損を処理するためでもあった。これに対して，著名投資家のピーター・ティール氏が率いるFounders Fundの他，Coatue Management, Union Square Ventures 等のベンチャーキャピタルが，SVBの預金を引き出すように呼び掛けたことで，

信用不安が一気に加速した。翌日には，同行株価がUSD267からUSD106へと1日で6割も急落し，他大手銀行株も同時に急落し，リーマンショックの再来かといわれる事態に陥った，この事態を危惧したFDIC（連邦預金保険公社）は早くも10日には同行を閉鎖し，管理下に置くことを決定し，同行の破綻が決定的となった。なお，米国の銀行の破綻としては，2008年に発生したワシントン・ミューチュアルの破綻に次ぐ規模となった。

3　教訓

　本件で注目すべきはTwitter等のSNSを活用した情報の伝達速度だ。信用不安の原因となるイベントが発生してからわずか2日での破綻である。これは，SVBがベンチャーキャピタルやスタートアップ等同質の顧客セグメントに焦点を当てたビジネスモデルであること，特にベンチャーキャピタルやスタートアップは共通のビジネス課題等もあり日頃から情報交換を密にしていた業界慣習があること，さらには，そもそもSVBが当局の金利引締め転換により長期債投資に多額な含み損を抱えていて信用不安となる要素があったこと，など諸事情を勘案したとしても余りに速い。

　SVBほどではなくとも，一般に金融機関は，当座預金，普通預金等短期の調達を長期のローンで運用する長短格差があり，本質的にALMリスクを抱えている。すなわち，保有する資産のうち短期の流動性に対応できる資産が構造的に少ないため，取り付け騒ぎ等で資金繰り破綻するリスクを内在している産業といってもいい。もともと，噂話等による突然の信用不安に弱い面があったが，SNS等最近のコミュニケーションテクノロジーの進化で情報伝達の速度が加速化して取り付け騒ぎによる破綻への道筋も極端に短縮されているといえる。

　これには，バックアップラインや流動性対策資金の準備など十分な流動性をあらかじめ確保しておくに越したことはないが，今回のSVBのケースでは，1日で同行の預金全体の4分の1が流出したともいわれており，相当極端なストレスシナリオを想定しておく必要があったことになる。流石に平常時でそれだけの流動性を確保するにはコストの面からも現実的ではないだろう。やはり，

情報伝達速度を考慮した新たなレピュテーショナル・リスク管理を考える必要がある。事前のSNSのモニタリングに加えて，信用不安と思われる情報拡散が確認された際に，短時間で対応するためには，誰が何をして火消しするかをあらかじめ明確に決めておく必要がある。当局やメディア，投資家への説明，HPにおけるタイムリーな開示等同時にアクションを起こす必要があり役割分担の明確化も必要だろう。さながらBCPのように平時において訓練する必要があるかもしれない。

　さらに留意する点があるとすれば，SNSではデマによる信用不安も起こりうることだ。SVBのように，信用不安の原因と考えられる要素が特定できる場合は，金融機関はこれへの対応を考えればいいが，デマによる信用不安は，情報が嘘である，という対応しかとりようがない。そもそも何か不安となる背景があって，デマの信用不安も拡大していると思われるため厄介だ。これには，日ごろから当局，市場関係者，メディア等のステークホルダーと緊密な関係を築き，相互信頼を構築するといった地道な取組みが少なくとも必要と考える。

2 ウェルズ・ファーゴ

1 背景

　ウェルズ・ファーゴの起源は19世紀の半ば，カリフォルニアのゴールドラッシュ時に遡る。創設者であるヘンリー・ウェルズとウィリアム・ファーゴの2人は西部開拓時代の真っただ中，カリフォルニアで駅馬車による貨物と郵便運送，銀行業に乗り出し，またたく間にカリフォルニアで金融の牙城を築いて，西海岸を代表する銀行として成長した。米大手銀行は株式・債券発行の引き受けやM＆Aアドバイザーなど投資銀行業務が多くの割合を占めるのに対し，ウェルズ・ファーゴは融資に代表される伝統的な商業銀行業務を主軸に据え，とくにリテールの中小企業融資や住宅ローンで全米屈指を誇ってきた。こうした業務内容から米金融界では長らく地銀として色分けされ，堅実経営をモッ

トーとし，2008年のリーマンショック後の金融危機の時期には「最も安定した銀行」との評価を受けた。しかしながら，ここ数年は米本国での不祥事が何かとニュースを騒がせ，そのレピュテーションは低下している。本節では，なぜウェルズ・ファーゴのレピュテーションが悪くなってしまったのか，過去のインシデントを振り返る中で適切なガバナンスを整えることの重要性を強調したい。

2　特徴

　金融危機の際，苦境に陥った同業大手のワコビアをめぐってシティ銀行と争奪戦を繰り広げた末に，ウェルズ・ファーゴが151億ドル（約1兆6,000億円）で買収し，米国の4大銀行の1つに数えられるようになる。これにより売上規模は倍増し，業務範囲もいよいよ証券・投資銀行事業へ拡大した。

　そのレピュテーションが著しく低下していくのは2016年，顧客に無断で預金やクレジットカードの口座を開くなどの大規模な不正行為が横行していたことが明らかとなり，2017年には経営トップの辞任にも発展したインシデントによるものである。このことにより，長らくキープしていた銀行としての時価総額世界首位の座を譲るまでに至る。その後もウェルズ・ファーゴのレピュテーションは回復せず，2022年にAXIOSとThe Harris Pollによって3万3,000人のアメリカ人を対象に行われた調査において，下から8番目にイメージの悪い企業に選ばれ，米国の銀行の中ワーストにランキングするなど，評判が芳しくない。ウェルズ・ファーゴのレピュテーションがここまで低下してしまったのは，不祥事が起きた後も適切なガバナンス体制を構築せず，不祥事を繰り返し起こしてしまったことに起因している。

3　教訓

　2016年，ウェルズ・ファーゴでは，従業員が販売ノルマを達成すべく何百万もの不正な顧客アカウントを開設していたということが明らかになり，連邦政府による調査と多額の罰金を支払うことになる。前提として，不正な顧客アカ

ウントを開設することは法律に違反する。このインシデントにより，ウェルズ・ファーゴは顧客への払い戻しとして320億ドル，集団訴訟に1億4,200万ドルを支払い，当時のCEOであるジョン・スタンフは辞任，5,300人以上の従業員が解雇されるに至った。このことは売上にも影響を及ぼし，新規顧客はウェルズ・ファーゴで新規口座を開設することに躊躇するようになる。

　このインシデントが起こってしまった背景には，従業員に対する販売プレッシャーが高かったことがあげられるが，このインシデントにおいて最も不適切と考えられるのは販売員が口座を開設する権限も持っていたということである。

　販売目標を課された従業員がその重い営業ノルマがゆえに，不正に手を染めるというのは想像しやすいシナリオである。それにもかかわらず，販売員が口座を開設する権限を持っていたのは明らかにリスク管理体制の設計ミスである。ウェルズ・ファーゴはのちに，このリスクやその他のリスクの再発を防止するためにリスク管理態勢を強化する旨を発表するが，次の重大インシデントを防ぐことはできなかった。

　2017年，先の不正口座開設問題も冷めやらぬなか，数万人の顧客の情報を漏洩する事件が発生する。事の発端はウェルズ・ファーゴで働いていた，ゲイリーとスティーブンシンダーランドの兄弟間における金銭問題だった。問題が争われる中で，ウェルズ・ファーゴに対し情報の開示請求がなされると，その際に機密保持契約がないままデータが送付され，情報が漏洩したのである。

　このインシデントも，強力なガバナンス構造を構築していれば防ぐことができたはずである。リスク管理態勢の強化を打ち出していた時期であったということもあり，ウェルズ・ファーゴに対する世間の印象は最悪なものとなってしまったのである。

　ウェルズ・ファーゴの不祥事は上述の2つだけにとどまらない。2018年には，自動車保険に関して顧客への過大請求が報じられる。必要の無い保険料を80万人の顧客に請求し，2万5,000台の自動車を不正に差し押さえていたことが明らかになったのである。ウェルズ・ファーゴはこの問題について不十分なチェックと内部統制の不備が要因だったと主張しているが，先の不正口座開設

問題の折にも同様の主張をしていた。これでは，2016年以来十分な対策をしてこなかったものとして世間から見放されてしまっても当然の報いである。

このように，不十分なガバナンスは相次ぐ不祥事を引き起こし，それに伴うレピュテーションへの影響は甚大である。ガバナンスなど内部統制に関連する事項は，たとえ素晴らしい態勢を構築していたとしても，外部に向けてアピールしていくことはなかなか難しい。そのため，不十分な内部統制が明るみに出てしまうとそのイメージを回復することは至難の業である。このことが，かつては時価総額世界首位の座を保持していたウェルズ・ファーゴのレピュテーションが低下したままになってしまっている要因と考えられる。

③ ソシエテ・ジェネラル

1 背景

ソシエテ・ジェネラルは欧州最大級の金融サービスグループだ。1864年の第二帝政時代に「フランスの貿易と産業の発展を促進すること」を使命に実業家と金融業者のグループによって設立されると，金融イノベーションの最先端にある様々な銀行のモデルに従って経済の近代化に取り組みフランスの主要な信用機関となった。戦間期には，ラテンアメリカ，ヨーロッパ，北アフリカの多くの国の経済発展に不可欠なインフラストラクチャに資金提供をするようになり，戦後，フランス法によって国有化されると，フランス領土の再建に資金を提供するうえで積極的な役割を果たした。その後，企業向けの革新的な商品を発売するなど銀行テクノロジーの幅広い採用に貢献することでマーケットリーダーの地位を確立し，現在も世界経済において重要な役割を果たしている。

そんな世界に名高いソシエテ・ジェネラルであるが，2008年にサブプライムローン問題が世間の注目を集めていた頃，そのレピュテーションを傷つけることになる事件が発生する。本節では，ソシエテ・ジェネラルが自らのレピュテーションを傷つけるに至った経緯を振り返るとともに，インシデントが発生

したときの対応がレピュテーションに影響を与える大きさについて考えたいと思う。

2　特徴

　2008年の事件の中心となったのは，2000年にソシエテ・ジェネラルに入行し，欧州の代表的な株価指数で裁定取引を行うトレーダーとして働いていたジェローム・ケルビエルだ。彼は社内のリスクコントロールシステムを潜り抜け，裁定取引を行っているように見せながら株価の上昇（または下落）を期待した単なる「賭け」の取引を行い，サブプライム問題で揺れる相場の中で賭け金を増やしていった。2008年の年初から世界の株式市場が下落の一途をたどるようになると，株価のリバウンドを予想した彼はそれまで以上に思い切った賭けに出て，許されていたポジションの100,000倍にもあたる先物のポジションをとることになる。リスク・コントローラーが通常のチェックをした際にこのポジションに気がつくと，ソシエテ・ジェネラルはこれらのポジションを厳しいマーケット状況下にもかかわらず早急に全て売却するという決断をする。その結果，不祥事発覚時には15億ユーロだったこのトレーダーの損失が，ポジションを売りつくした翌週水曜日には49億ユーロにも膨らんでしまう。

　この事件において，リスク管理の脆弱さがレピュテーションに影響を及ぼしたことはいうまでもないが，ソシエテ・ジェネラルのレピュテーションを著しく低下させるにいたらしめたのは，当事件の事後対応にある。本節では，ソシエテ・ジェネラルの損失発覚後に着目することで，有事のレピュテーショナル・リスク管理について考察したい。

3　教訓

　2008年1月18日，リスク・コントローラーが異常なポジションに気がつくと，20日には隠された巨額のポジションが明らかとなった。ソシエテ・ジェネラルは20日中にフランス中央銀行，仏金融市場庁（AMF）に報告を行ったが，仏政府への報告は23日になってからだった。では，1月19日，ブトン最高経営責

任者と経営陣がこの不正取引に気づき，23日まで政府にも知らせず何をしたか
というと，実際にケルビエルの不正取引がもたらした損失は15億ユーロだが，
この穴を埋めるために是が非でもと持ち高490億ユーロの株式指数先物を21日
月曜から叩き売ったのである。それが〈暗黒の月曜日〉のミニ暴落（米連邦準
備理事会FRBは先手を打ち3.5%に緊急利下げを決行）に拍車をかけ，3日間
で損失総額は49億ユーロに達した。ケルビエル容疑者によれば，不正取引は私
腹を肥やすためではなく，同行が490億ユーロの持ち高を慌てて手放さなけれ
ば損失額は4分の1ですんだという。それだけではない，ブトンは1月24日，
今まで内密にしてきた米国のサブプライム（低所得者対象の住宅ローン。債務
不履行の増大で金融危機に）への投資により，同行の焦げつきは20億ユーロに
のぼり，損失総額は約70億ユーロと発表。ブトンは責任をとり昨年のボーナス
と，向こう6か月分の給与（月10万ユーロ）を返上し，辞任を申し出たが理事
会に拒否され，やむなく留任した。以上が巨額損失発表後の動きである。

　巨額損失発生後のソシエテ・ジェネラルの対応には問題があったといえる。
まず，問題点としては，フランス政府への報告が迅速になされていない点があ
げられる。実際，この報告の遅れは当時の政権を憤慨させている。巨額損失が
発覚した際など，予期せぬ事態が起こった際は，その取引がもたらす損失をい
ち早く確定し，二次的な損害を防がなければならない。その意味で，ソシエ
テ・ジェネラルが政府に報告をせず叩き売りを行い，損失を確定したのは一定
理解できる。しかし，これだけではレピュテーションの観点が欠如している。
何かインシデントが発生した際，その問題に誠実に向き合い，最大限の力を尽
くして事態の収拾を目指している姿勢を示すことが，レピュテーションを守る
という点で何よりも肝心である。そうしなければ，世間に不信感が蔓延しその
ことが様々な憶測をよんで売上にも影響を及ぼすに至る。しかしその一方で，
全ての情報をタイムリーに公表すべきというわけにもいかない。

　先般，新型コロナウイルスが世界を襲い，その感染者数がマスメディアで連
日報道されていた。この有事の際，企業の広報担当者は自社の感染者について
どの程度公表するか対応に困ったという。この場合，焦点となったのは企業の

従業員だけでなく，企業を訪問した人なども含め，濃厚接触者の情報までをも公表するのかということだった。感染者を隠蔽するのはよくないことであるが，あまりにも多い感染者数は悪い噂の元凶となる。

　この点に鑑みると，有事のレピュテーショナル・リスク管理として大事なことは，いかに人々を安心させるかということにあると考えられる。その手法としては，企業のトップが力強い声明を発表することも重要である。エアビーアンドビーでは，従業員の大量解雇が発表された際，マイナスの印象をもたらすかに見えたが，力強い声明をCEOが発表したことで最低限に抑えることができたという。

　ソシエテ・ジェネラルの巨額損失問題においても，顧客が払い戻しを求め行列をなす，などというパニックは全くなかった。預金保険制度により，1人当たり7万ユーロまでが保護される，ということもあるが，フランス中央銀行のクリスチャン・ノワイエ総裁が，ソシエテ・ジェネラルの損失が明らかになったと同時に「顧客は安心して大丈夫です」と早めの声明を出したことがメディアを通じて大々的に取り上げられたことも大きい。サブプライム問題を発端に前年9月に起こった，英国ノーザン・ロックに預金払い戻しを求める顧客が窓口に行列をなした時のような大パニックは避けることができた。

　このように，インシデント発生時の危機対応として，レピュテーションの低下を最小限に抑えるために大切なことは，顧客目線を第一に考えることである。リスクが発生している状況においても，適切な対応により世間からの不信感を払拭し，安心感を与えることができれば，今回の事例のように企業への影響を最小限にとどめることができると考える。

シティ

1　背景

　シティグループは，1812年設立のシティバンク・オブ・ニューヨークを前身

とし，1998年にシティコープとトラベラーズ・グループの合併によりできた企業だ。本来は商業銀行だったが，近年では投資銀行の色を強めており，米国や欧州ではM&Aアドバイザリー業務等，投資銀行部門において，ゴールドマンサックス等他の大手投資銀行と肩を並べるまでに成長している。

　サブプライムローン住宅ローン危機の際には，メリルリンチやUBSなどをはるかに超える世界の金融機関の中でも最大規模となる甚大な損失を被り，レピュテーションに傷を負った。この責任をとり，チャールズ・プリンス会長兼最高経営責任者が辞任し，2007年4月に経費削減と低迷が続いている株価の回復のため，シティグループは全従業員の5％にあたる1万7,000人の雇用を削減するに至る。さらに2008年に金融業界を震撼させたリーマンブラザーズの破綻の影響により金融危機が拡大し，その余波によりシティグループの業績にも大きな悪影響を及ぼす結果となった。

　こうした背景を踏まえ，シティグループではレピュテーションの強化に努めている。本節では，シティグループが構築しているガバナンスを取り上げることにより，レピュテーションの管理体制の構築について考察したいと思う。

2　特徴

　シティ銀行はレピュテーションを，グループレピュテーションリスク委員会を設置して管理している。まず，シティではレピュテーションをどのように捉えているかについてだが，アニュアルレポートの中で次のように述べている。
　「シティのレピュテーションは，ステークホルダーとの信頼性を構築するうえで不可欠な資産であり，従業員・顧客・投資家・規制当局に対するレピュテーションの向上と保護に真摯に取り組んでいる。」
　ステークホルダー資本主義とは，株主資本主義（株主至上主義）の対義語である（詳細は，第3章⑥2(4)参照）。従来の株主資本主義（株主至上主義）では，短期的な株主の利益の最大化が最も重要，と位置づけられており，その結果，従業員や環境，地域社会に負荷をかけるという問題が生じてきた。これに対して，企業が従業員や，取引先，顧客，地域社会といったあらゆるステーク

ホルダーの利益に配慮すべきという考え方がステークホルダー資本主義である。昨今，ステークホルダー資本主義が注目を集めているが，シティがレピュテーションをステークホルダーとの関係性の中で捉えているのはこのような考え方が背景にあるといえる。

3　教訓

　シティは，レピュテーショナル・リスクの枠組みを開発し，このフレームワークのもと，リスクアペタイトに関する企業活動及び業務を監視するために，リスクアペタイト声明及び関連する主要指標を導入している（第5章参照）。この枠組みでは，各事業部門及び各地域における重要なレピュテーションを所属する組織のレピュテーションリスク委員会及び同等の組織を通じてグループレピュテーションリスク委員会に報告することも定めている。そして，グループレピュテーションリスク委員会では，報告された内容をもとにグループ全体のリスクを認識し，リスクアペタイトの規定に照らして適切な行動を決定している。

　グループレピュテーショナル・リスク憲章を見ていると，もう少し詳しくグループレピュテーションリスク委員会の役割が記載されている。内容は次のとおりある。

　「委員会の任務は，企業全体の戦略目標，リスク選好度の閾値，規制上の期待に沿って，重要なレピュテーショナル・リスクを特定，監視，報告，管理，エスカレーション，対処するプロセスを管理する一方で，リスク意識と高い水準の文化と行動を促進することである。」

　また，グループレピュテーションリスク委員会の責任と権限を以下のように規定している。

A)　監視とレポートの作成を行う。

　1.レピュテーショナル・リスクに関する経営陣からの報告のレビュー

　2.レピュテーショナル・リスク管理フレームワーク，レピュテーショナル・リスクの分類及びレピュテーショナル・リスクの定義の変更に関するレ

　　ビュー

　　3.レピュテーショナル・リスクの選好度，閾値，又はガバナンスポリシーの
　　　報告基準に対する違反のレビュー

　　4.重大なレピュテーショナル・リスクや新しいレピュテーショナル・リスク
　　　に関するレビュー

　　5.6.7.8.グローバルなビジネスライン，機能的特性，地域的特性，重要な法
　　　人，またはリスクの高いプログラムによってもたらされるレピュテーショ
　　　ナル・リスクの監視

　　6.会議における決定事項の承認と，継続的なレピュテーショナル・リスクの
　　　監視

　　7.取締役会または取締役会の指定委員会への定期報告の検討

　　8.ビジネス及び地域のレピュテーションリスク委員会の活動を監視し，必要
　　　に応じて定期的な報告や相互のコミュニケーションの実施

B)　委員会の構成メンバーに，ERMの枠組みとリスクアペタイトの枠組みに
　　沿ったリスク管理を促進するように働きかける。

C)　レピュテーショナル・リスクを含む問題において中心的役割を担い，必
　　要に応じてガバナンス・広報委員会，取締役会のリスク委員会などに報告を
　　行う。

D)　各グループ企業レベルのレピュテーショナル・リスク管理フレームワー
　　ク（RRMF）を毎年レビューする。

E)　特定の取引，潜在的な利益相反やその他のレピュテーション，フランチャ
　　イズ及びシステム・リスクの問題で，下位のレピュテーションリスク委員会
　　から報告されたもの，またはシティの複数の事業部門に直接影響を与えた結
　　果として報告されたもの，あるいは，グループ全体のレピュテーションやフ
　　ランチャイズの重要性をもつ可能性のあるものを，必要に応じてレビュー，
　　評価，解決する。議長は，事業に関して現在または将来予測される財務状態
　　及びレジリエンスに影響を与える，否定的な利害関係者の認識につながるあ
　　らゆる事象について，レビューを実施するよう指示することができる。レ

ピュテーションリスク委員会が潜在的なクライアントのオンボードを拒否した場合，またはそのクライアントないし潜在的なクライアントとのレピュテーショナル・リスクに鑑みて既存のクライアントとの関係を終わらせることを決定した場合，そのクライアントまたは既存のクライアントは赤旗リストに追加される。レピュテーションリスク委員会はまた，重要なレピュテーショナル・リスクをもたらす既存のクライアントを赤旗リストに追加するよう指示することもできる。

F）　レピュテーションリスク委員会は，必要に応じて権限を小委員会に委任し，当該委員会が委任された業務を遂行することができる。小委員会は，必要または適切に応じて，ガバナンス委員会の１人以上の委員で構成することができる。

　レピュテーションは多岐にわたる要因から思いがけず傷つくことが多く，その責任を区分することは難しい。また，レピュテーションに関する指標を設定することも難しいため，報酬と連動させることや体系だった組織を構築することも困難だ。１線と普段からレピュテーショナル・リスクについてコミュニケーションを取り，潜在リスクを吸い上げ経営者に迅速に報告する体制を構築することがガバナンスに必要とされている役割と考える。企業は，レピュテーションに関する体制を整えるうえで，経営層，２線の部門長，部レベル，チーム・課レベル等具体的にどの階層でどのような報告をするのか明確にする必要があると考える。

⑤　RBS（NatWest Group）

1　背景

　RBSは，1727年にエディンバラの勅許状にて法人として設立された。1969年，スコットランド国立商業銀行と合併し持株会社が設立され，この持株会社が

The Royal Bank of Scotland Groupとなる。北海の石油及びガス事業にサービスを提供する企業への融資において主導的な役割を果たすこととなるが，世界金融危機に伴い経営危機に陥ると2008年から公的資金が投入され，規模縮小を中心とする事業再編が続くことになる。また，金融危機後はPPI，LIBORの談合，外国為替の固定，利益のための中小企業の圧迫，リスクの高い住宅ローンの販売に対する罰金などによりその財政面及びレピュテーションの回復に苦しみ，2020年2月に社名をNatWest Groupに変更することになる。

2　特徴

　RBS（以下「NatWest Group」という）は社名変更と環境目標の重視を含むその他の施策により，金融危機の際に455億ポンドの政府救済策によって救済された2008年の破綻寸前の状態を含む過去の不祥事から脱却することを目指している。本節では，環境目標を軸にイメージ向上を図ろうとしているRBSの取組みに着目し，レピュテーション向上の施策について考察したい。

3　教訓

　RBSは積極的な事業拡大が裏目に出て，2000年代後半の金融危機時に経営が傾いた。2008年以降に計455億ポンド（約6兆5,000億円）の公的資金注入で実質国有化され，株式の多くを英政府が握り，完全民営化が求められていた。そこで英大手銀初の女性トップとして2019年11月に就任したアリソン・ローズは，1727年の設立以来の社名を変えてイメージの刷新を図るべく，2020年に社名をNat Westに変更している。NatWestは2000年に買収したナショナル・ウエストミンスター銀行の略称で，イングランドとウェールズでの銀行ブランドとして親しまれており，創業の地である英北部スコットランドでは銀行名としてRBSを使い続けた。

　レピュテーション回復のため社名を変更するというのはなかなか思い切ったことであるが，ここではこの社名変更と同時に発表された経営目標に着目したい。この経営目標の中では重点項目としてクリーンエネルギー分野への融資に

力を入れることや，地球温暖化の抑制に向けた明確な事業変革計画のない石油・ガス生産企業への投融資を21年までに打ち切ることなど，気候変動対策の強化方針を打ち出している。

　このようにレピュテーションの向上を目指す局面においてESGに積極的に取り組むことは一つの手段だ（第6章②参照）。ESGとは「Environment Social Governance」の略であり，環境，社会，ガバナンスの3つの観点が企業の長期的成長において重要であるという考え方であり，近年注目を浴びているトピックである。従来，環境マネジメント，機会均等，ワークライフバランス，サプライチェーンにおける労働権などの社会的責任はコストをかけた「社会貢献」だと考えられていたが，今日ではビジネスのリスクと機会の管理に不可欠なものと考えられている。

　環境の分野（「E」）は，1992年のリオ地球サミット，1996年の環境マネジメントの国際規格（ISO14001），1997年の京都議定書の採択などがあり，その後世界的に環境意識が高まり，有害化学物質やリサイクル，気候変動など，様々な環境問題に対応したルールや規制が導入されている。

　社会の分野（「S」）は，移民が多く存在する欧州において移民との完全統合に向けて，インクルージョン（包摂）が重要な社会問題として浮上し，社会的一体性が中心的な社会課題となったことで，人権の尊重がCSRの優先テーマとして認識されるようになる。また，1990年代半ばからは，アパレル業界が国際的なサプライチェーンの中で児童労働などの人権侵害を行っていたことが問題視され，Gap Inc.などの不買運動が起こった。

　ガバナンス（「G」）は，2000年代に雪印や日本ハムなどの大手企業による食品の安全性や偽装表示が相次ぎ，米国ではエンロン・スキャンダルが史上最大の監査の失敗を引き起こすことで企業倫理やコンプライアンスの問題が話題となる過程で注目を集め，不健全な企業文化，不透明な意思決定，過剰な役員報酬といった，ガバナンスや透明性の問題をリスク要因として捉えるべきだという認識という背景がある。

　こうしてESGを構成する3つの要素が世間の関心を集めることとなり，関連

する情報が企業のレピュテーションを大きく左右するようになったのだが，と
りわけ環境問題に対する対応が独り歩きしているきらいがあるように感じてい
る。

　Rep Trakのスー・トビアスによると，企業の多くは気候変動やカーボン
ニュートラルなどには焦点を当てているが，従業員へのコミットメント，DEI
（Diversity, Equity & Inclusion）への取組み，公正で透明性のあるガバナンス
を示すことを忘れているという。

　その点，NatWest GroupはESEリスクフレームワークを構築し，環境，社会，
倫理の観点を踏まえたレピュテーショナル・リスク管理を行っている。ESEリ
スクフレームワークはNatWest Groupの全社的なレピュテーショナル・リス
ク・ポリシーの一部を形成し，新規顧客が国内及び国際的な環境，社会，人権
の基準を順守できるかどうかをチェックしている。また，NatWest Groupでは
ESEリスクが高まっている139のセクターでリスクアペタイト基準を設定して
いる。具体的には，農業/食品，化学，タバコ，医薬品，廃棄物管理などの分
野の企業，または物議を醸すプロジェクトに関連する企業に対する大規模また
は持続的な環境，人権，現代の奴隷制，または社会問題関連のキャンペーンな
どについて基準を設定している。

　このことに加え，ステークホルダーの声に基づいた課題に対応する形で，ど
のような対応を行い，どのようなエンゲージメントを行ったのかを示すステー
クホルダーエンゲージメントテーブルを示している。その中において，RBSの
レピュテーションを低下せしめた事象について次のように分析している。

(1) 支店の閉鎖について

- 複数の顧客から，支店閉鎖に対する不満の声があった。モバイルやオンライ
  ンサービスの需要が高まり，より早く，より簡単に銀行取引ができるように
  なったことで，銀行取引の方法は劇的に変化しているが，RBSには800を超
  える支店があり，ATMネットワークや郵便局との提携を含め，16,000の物
  理的な拠点が存在している。支店閉鎖は，RBSにとって重大な決断だが顧客

への説明不足がレピュテーション低下につながった。

(2) マネーロンダリング規制違反について

● 2021年12月，NatWest銀行は，2007年マネーロンダリング規制の3つの違反により，英FCA（Financial Conduct Authority）から2億6,480万ポンドの罰金を課された。2012年から2016年にかけて，マネーロンダリングを防止する目的で，ある顧客を適切に監視することができなかったことが原因だ。こうしたことがレピュテーション低下の一因となった。

　以上からの教訓として，一度低下してしまったレピュテーションを向上させることは容易なことではないが，昨今注目が集まっているESGに取り組むことで，誠実な印象を与え，有事においても不信の目で見られにくい状態を構築しておくことが良いのかもしれない。また，レピュテーション事象は各ステークホルダーに様々な影響をもたらすが，ステークホルダーごとに個別に声明を発表することはプラスの影響をもたらすことになるかもしれない。

　また，次のような調査もある。企業広報戦略研究所は2022年7月末，生活者1万人を対象とした「2022年度ESG/SDGsに関する意識調査」を実施している。この調査では，単なる業界調査ではなく，企業個別の「ESGレピュテーション」が把握でき，ESG/SDGsに対する一般生活者の認知や関心の状況・情報経路，ESGに関する企業の取組みがどのように伝わっているか・今後何を期待されているかを解析することを目的に実施されている。

　この調査において着目したいのは，20代の企業のESGの取組みに対する認知が，全項目でトップであった点だ。ESG24項目のうち，特に認知の高かった全体上位5項目に焦点を当て，年代別で「積極的に取り組んでいる」と感じる項目の認知状況の違いを見てみた結果，20代は全項目で最も高い数値となっている。

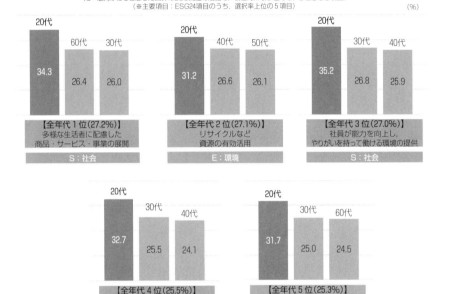

図表 7 − 1　2022年度ESG/SDGsに関する意識調査（企業広報戦略研究所）

主要項目（※）に対する，各項目内での年代別TOP 3 ランキング（複数回答，N=10,000）

（Q：魅力があると感じた業界のESG関連の活動で，積極的に取り組んでいると感じる項目）

（※主要項目：ESG24項目のうち，選択率上位の 5 項目）　　　　（%）

全体と20代の数値を比較しても，ほとんどの項目で 5 pt以上の差をつけており，20代はESGに関する情報に関心が高いことがうかがえる。前節において，レピュテーションを向上させるためにESGに関連する施策をとることが有効なのではないかと提言したが，その場合，最も効率的なのは20代にアピールすることであるといえる。

また，次の調査結果にも注目したい。「企業のESGに関する取り組みをどのようなところで見聞きしたか」の設問では，1 位「テレビ番組」（22.0%），2 位「テレビCM」（10.1%），3 位「新聞記事」（9.8%），4 位「企業ウェブサイト」（9.4%），5 位「ウェブメディア」（8.8%）の結果となり情報源をカテゴリー別に見てみると，「メディアの番組・記事」が最も高い結果となっている（34.7%）。ESGに関する取組みの認知経路について，上位 5 項目の中で，1 位，

3位，5位は「メディアの番組・記事」となり，この結果から，ESG関連の報道量が増えており，メディアによる第三者視点が入った情報の影響力が大きいことがわかる。また，2位に「テレビCM」，4位に「企業ウェブサイト」が入っていることから，企業自らが工夫して発信する自社メディアなどからの情報の重要性も伺える。

図表7-2 「企業のESGに関する取り組みをどのようなところで見聞きしたか」への回答

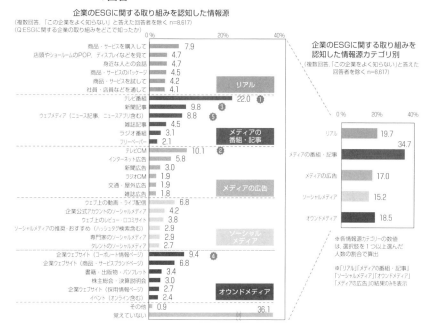

企業のESGに関する取り組みを認知した情報源
（複数回答，「この企業をよく知らない」と答えた回答者を除く n=8,617）
（Q.ESGに関する企業の取り組みをどこで知ったか）

商品・サービスを購入して	7.9
店頭やショールームのPOP，ディスプレイなどを見て	4.7
身近な人との会話	4.7
商品・サービスのパッケージ	4.5
商品・サービスを試して	4.2
社員，店員などを通して	4.1
テレビ番組	22.0 ❶ ❸
新聞記事	9.8
ウェブメディア（ニュース記事，ニュースアプリ含む）	8.8 ❺
雑誌記事	4.5
ラジオ番組	3.1
フリーペーパー	2.1
テレビCM	10.1 ❷
インターネット広告	5.8
新聞広告	3.0
ラジオCM	1.9
交通・屋外広告	1.9
雑誌広告	1.8
ウェブ上の動画・ライブ配信	6.8
企業公式アカウントのソーシャルメディア	4.2
ウェブのレビュー・口コミサイト	3.8
ソーシャルメディアの推奨・おすすめ（ハッシュタグ検索含む）	2.9
専門家のソーシャルメディア	2.9
タレントのソーシャルメディア	2.7
企業ウェブサイト（コーポレート情報ページ）	9.4 ❹
企業ウェブサイト（商品・サービスブランドページ）	6.8
書籍，出版物・パンフレット	3.4
株主総会・決算説明会	3.0
企業ウェブサイト（採用情報ページ）	2.7
イベント（オンライン含む）	2.4
その他	0.9
覚えていない	36.1

リアル／メディアの番組・記事／メディアの広告／ソーシャルメディア／オウンドメディア

企業のESGに関する取り組みを認知した情報源カテゴリ別
（複数回答，「この企業をよく知らない」と答えた回答者を除く n=8,617）

リアル	19.7
メディアの番組・記事	34.7
メディアの広告	17.0
ソーシャルメディア	15.2
オウンドメディア	18.5

※各情報源カテゴリーの数値は，選択肢を1つ以上選んだ人数の割合で算出

※「リアル」「メディアの番組・記事」「ソーシャルメディア」「オウンドメディア」「メディアの広告」の結果のみを表示

加えて，企業の取組みを認知した生活者が具体的にどのような行動を取ったかを尋ねたところ，1位「その企業や，商品・サービスのウェブサイトを閲覧した」（17.0％），2位「その企業や，商品・サービスの評判を検索サイトで調べた」（9.7％）と「その企業の商品やサービスを購入または利用した」（9.7％），4位「家族や友人とシェアした・話をした」（8.1％）の順となっている。

このような調査結果を踏まえてみても，ESGに関連した情報を若者の目に留

まりやすいかたちで発信することは，レピュテーションの向上に一定の効果がありそうであるということが伺える。これからの時代，SNSを駆使し，特にESGに関する情報を積極的に発信していくことがレピュテーションの向上に直結するかもしれない。

　以上，海外金融機関の事例を中心にレピュテーショナル・リスク管理の実情を見てみた。次章では，これまでのリスクとしてのレピュテーションという側面から視点を変えて，企業価値向上につながるレピュテーションという視点でポジティブな側面に焦点を当てて検討してみる。

◆　コラム11　米ゲーム会社

　COVID-19は社会に様々な影響を及ぼしたが，米国における個人投資家の急増もその１つである。個人投資家が増えた要因としては，在宅勤務や政府からの給付金などがあげられる。また，コロナ禍で試合観戦ができずに時間と資金を持て余しているスポーツ賭博のファン，ラスベガスに行けないギャンブラーなども自宅でデイトレードに転向したといった話もある。

　こうした個人投資家が取引に向かったのは，米国のフィンテック企業が提供する証券取引アプリだった。当該アプリの特徴は，証券取引手数料がゼロという点である。アプリに集まった個人投資家は米大手掲示板サービスで株式情報に関するやりとりを始める。そうした中，ターゲットとなったのがある米ゲーム会社株であった。

　当該米ゲーム会社は米国のゲームソフト小売会社である。かねてより業績不振が囁かれており，ヘッジファンドなどの機関投資家は同社の株を空売りしていた。ここで登場するのが証券取引アプリである。掲示板で息を合わせて株式を買い続け，株価を急騰させたのである。その結果，空売りをしていたヘッジファンドは大損害を被り，中には破綻したところもあったという。

　米ゲーム会社株をめぐる今回の経緯は，SNS上において株価を買い続けることについて呼びかけが行われていたことが相場操縦になるのではないかという点で議論が起こっている。証券会社やファンドが談合して同一行動をした場合，それは違法行為になるが，SNSという公開の場で個人の呼びかけにより多数の投

資家が応じて相場が変動した場合，これが相場操縦に当たるのか，専門家の間でも意見が分かれている。

　これは，「コラム6　全くのデマでも油断ならない！？」でみたように，食料品や日用品を取り扱う会社について，デマを意図的にSNSに投稿するものとその株を意図的に空売りする集団が結託するケースと似たような問題が隠されている。やはり，企業が，SNSのデマに目を光らせるのはもちろんだが，犯罪行為には規制当局もきちんと対策を整備する必要がある。

第 8 章

レピュテーションと
ブランドの価値及び
企業価値経営
における実践実務

本章ではレピュテーション管理が，企業価値経営の根幹であることを包括的に理解することを目的とする。

　レピュテーションとブランドは混同されやすい概念である。まず，レピュテーションというコンセプトの対象領域及び構成要素を理解するために参照されている複数の主要な外部評価指標の設計を確認する。その後，企業価値創出プロセス理論におけるレピュテーション管理の位置づけを議論したうえで，その実証研究の試みや実例の参照を通じてレピュテーション管理の巧拙が企業価値増減の仕組みにおいてどのように作用しているのか理解する。最後にレピュテーション管理を経営管理の具体的なオペレーションに落としこんでいったときにどのような管理体制や検討が必要なのか，また，望ましいアウトプットとは何なのかについて検討する。

1 レピュテーション価値とブランド価値

1 レピュテーションとブランド価値の定義

　一般的にレピュテーションという言葉とブランドという言葉から想起される
イメージは混同されやすい。峻別を試みる先行研究[1]によると総じてブランド
は企業が顧客に対して示したい自社イメージであるのに対し，レピュテーショ
ンは，顧客，株主，従業員，地域社会を含むステークホルダーが企業に対して
持つ認識や考えを指している。その本質は「事業活動を継続する中で重要とな
るステークホルダーとの良好な関係性を構築，維持することにある」と整理さ
れる。他方，ブランドとは「企業が顧客に対して示したい」または，発信する
自社のイメージである。その本質は「企業の商品やサービスがユニークである
ことを示し，顧客に認知してもらうこと，またはそれらによって競合との差別
化を図ることにある」と整理される。

　つまり，ブランドとはレピュテーションの様々な要素の一つとして捉えられ
る（**図表8－1**）。

　例えばレピュテーションは，企業のガバナンス全体に係る要素を有している
一方で，ブランドは，差別化され，価値が認められた商品やサービス（ブラン
ドプレミアム）であり，貢献による顧客との絆・ロイヤルティなどの要素を含
む。

1　Nuno Da Camara, 2007, Brand and reputation: equals or opposites?
（https://journals.sagepub.com/doi/pdf/10.1177/174578660701800402）
Richard Ettenson and Jonathan Knowles, (2008), Don't confuse Reputation with
Brand, MIT Sloan Management Review（https://madstrat.com/wp-content/uploa
ds/2017/10/T2-SMR-BrandReputation.pdf）
経済産業省　企業法制研究会（2002）「ブランド価値評価研究会報告書」
（https://www.fbc.keio.ac.jp/-dokamoto/brand.pdf）

図表8－1　レピュテーションとブランド

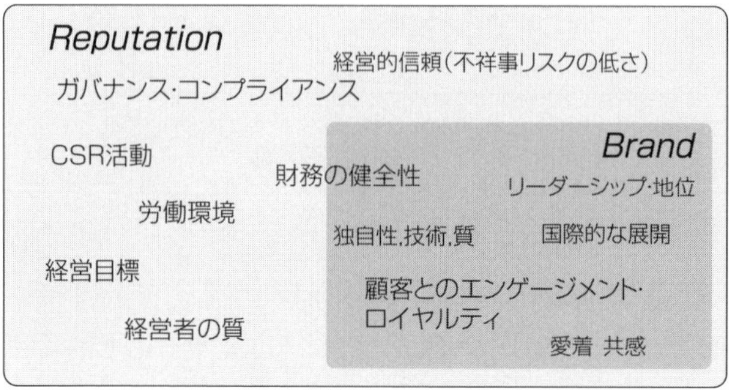

2　レピュテーション価値とブランド価値の定量化の試み

⑴　ブランド価値の定量化

　まず，前項の整理のとおり，狭い概念であるブランドから検討を進めたい。ブランド価値を公表し，世界的にも信頼・参照されている3つのランキング（Interbrand社のBest Global Brand[2]，Forbes社のThe World's Most Valuable Brand[3]，Kantar社のBrandZ[4]）を比較する。

　Interbrand社によるBest Global Brandは，ブランド価値を3つの観点で評価している。第一に，ブランドを冠する事業の現在及び将来の売上予測から，各種費用（営業費用・税金・資本コスト）を減じた現在から将来にわたる利益を現在価値に直し，その総和をブランドの「財務価値」として算出している。次に，これらの価値を創出するに至った要素として，利益の内，ブランドから生み出された割合を算出（「ブランド影響力」）するほか，ブランドによる利益の

2　Best Global Brand（Interbrand），https://www.interbrandjapan.com/ja/brandranking/method.html

3　The World's Most Valuable Brand（Forbes），https://www.forbes.com/the-worlds-most-valuable-brands/#6e6e93c5119c

4　BrandZ（Kantar BrandZ），https://www.kantar.com/zh-cn/expertise/brand-growth/brand-strategy/brandz

将来の確実性（「ブランド強度」）を100点満点でスコア化している。

　Forbes社によるThe World's Most Valuable Brandは，ブランド価値を Interbrand社と同様３つの観点で評価している。また，２つの指標が財務価値 （金銭換算した指標）であり，１つの指標がブランドの評価スコアという点でも類似している。具体的には，社内指標として強く対応力があるブランドを構築する力（「リーダーシップ」），社外指標として企業と顧客との相互関係を形作る力（「エンゲージメント」）ともう１つの社外指標として顧客との絆を強化し，ロイヤリティを生み出す力（「信頼・適切性」）の３つのカテゴリー（10の小項目）を総合的に勘案し，最終的に定量化した「純利益」としてEBITからノンブランドによる見込み利益率８％を差し引き，さらに税負担分を割り引いた金額を算出している。技術的には，過去３年のEBITの平均値を用いて８％を割り引き，さらに評価対象企業の本社所在国の実効税率を割り引いている。８％という数字の理由は，ノンブランドでも８％は利益を出すことができるという前提があるからである。２つ目の評価項目として「ブランド影響力」というインダストリーごとに異なるブランド影響度を算出している。例えば，ぜいたく品や飲料はブランドが重視されるので高い割合，航空会社や石油会社などの，ブランド以外の点が重視される業界には低い割合など，各インダストリーにおけるブランドが果たす役割に基づいている。そのうえで，３つ目の評価指標として「平均株価収益率」をアウトプットしている。ここでいう平均とは，過去３年の平均株価収益率であるが，「ブランド影響力」で算出した純ブランド利益に，過去３年の平均株価収益率をかけ，最終的に当該企業ブランドがもたらしたブランド価値を算出している。

　Kantar社のBrandZは，ブランドを冠する事業から得られる利益の現在価値の総和を「財務価値」として算出している点は他２社の指標と同様だが，他方，ブランドの強さを３つの要素に分解し，総合的な「ブランド貢献度」を定量化している。前者については，事業利益から有形資産をもとに得た分を差し引くことで無形資産による利益のみを算出し，さらにパテントなどによる利益分を差し引き，ブランド（＝事業）の当期利益を算出している。該当する期の利益

を基に，当事業の利益の将来予測を行い，現在価値に換算し，総和をとっている。後者の「ブランド貢献度」について，詳細なロジックは非公表だが，「Meaningful（メッセージ要素）」「Different（差別化要素）」「Salient（注目喚起要素）」の3つを主要構成要素として定量化している[5]。

　以上，3つの主要指標を比較可能に整理したものが，**図表8－2**である。

図表8－2　　**主要ブランド指標の比較**

	指標名 (会社)	価値算出種別（アウトプット）			価値算出手法（インプット）
		種別：説明		単位	説明
ブランド	Best Global Brand (Interbrand)	①	「ブランドを冠する事業の事業利益」： ブランドを冠する事業から得られる利益の現在価値の総和	金額	ブランドを冠する事業の現在及び将来の売上予測から各種費用（営業費用・税金・資本コスト）を減じた現在から将来にわたる利益を現在価値に直しその総和
		②	「ブランド影響力」： ブランドの顧客の購買意思決定への影響度合い	金額	ブランドによりもたらされた利益を抽出するために，ブランド影響力を用いる（業界別にベンチマーク分析により算出とのこと。アンケートによる分析）
		③	「ブランド強度」： ブランドによる利益の将来の確実性	スコア	社内指標として強く対応力あるブランドを構築する力（「リーダーシップ」），社外指標として企業と顧客との相互関係を形作る力（「エンゲージメント」）及び，もう1つの社外指標として顧客との絆を強化しロイヤリティを生み出す力（「信頼・適切性」）の3つの大項目から構成される全10の要素を総合的に勘案し最終的に定量化
	The World's Most Valuable Brand (Forbes)	①	「ブランドの純利益」： EBITからノンブランドによる見込み利益率を差し引き，税を割り引いた金額	金額	過去3年のEBITの平均値より，EBITの平均値から8％を差し引く（ノンブランドでも8％は利益を出すことができるという前提。そのうえで，企業の属する国・地域の実効税率を割り引く
		②	「ブランド影響力」： インダストリーごとに異なるブランド影響度	割合	各インダストリーにおけるブランドが果たす役割に基づいた割合を乗じる（ぜいたく品や飲料はブランドが重視されるので高い割合，航空会社や石油会社などブランド以外の点が重視される業界には低い割合など）
		③	「平均株価収益率」： 過去3年の平均株価収益率	割合	②で算出した純ブランド利益に，過去3年の平均株価収益率を乗じ，一株当たりの最終ブランド価値を算出
	BrandZ (Kantar)	①	「財務価値」： ブランドを冠する事業から得られる利益の現在価値の総和	金額	事業利益から有形資産をもとに得た分を差し引くことで無形資産による利益のみを算出し，さらにパテントなどによる利益分を差し引き，ブランド（＝事業）の当初利益を算出。当該，当期利益を基に，当事業の利益の将来予測を行い，現在価値に換算し，総和をとる
		②	「ブランド貢献度」： ブランドの強さとしての3要素にして定性的要素を評価	割合	ブランド貢献度を3要素「Meaningful」「Different」「Salient」に基づき定量化

　結論として，主要3つのブランド指標が試みるブランド価値定量化をそれぞれ比較してみると，いずれも金銭換算した指標である財務価値としての評価と，スコア（評点）としての評価に大別できる。前者の金銭価値としての算出に当たっては，いずれの指標もブランドによる製品価格に付加されるプレミアムを

5　カッコ内の訳語は筆者による。

査定し，その超過利益の額・割合を採用しているという共通点がある。他方，後者のスコア（評点）としての算出は，ブランドによる社内的なコーポレートアイデンティティーの醸成による効用や顧客からのロイヤリティ・差別化・共創関係構築力など，一部ブランドでは定量化手法として採用されている。

　主要指数の構成要素選定の背景としては，前項のとおり，「顧客の購買意思決定力にどう影響を与え得るか」というブランドの意義から設計されていると考えると，顧客が当該ブランドを「より多く購入したいか，もっと支払ってもよいか」という観点で，財務的な価値と直結しやすく，また，その購買に至る心理的な構成要素を体系化した結果だと理解できる。

⑵　レピュテーション価値の定量化

　次に，より広い概念であるレピュテーション価値について，定量化はどのような事例があるのか確認する。ブランド価値と同様に公表し，広く参照されているレピュテーションにかかわる３つの主要指数（Korn Ferry社とFortune社のWorld's Most Admired Companies[6]，RepTrack社のGlobal RepTrak®100[7]，The Harris Poll社のCorporate Reputation Rankings[8]）を比較する。

　Korn Ferry社とFortune社によるWorld's Most Admired Companiesは，インダストリー別に実施した９つの要素の総合評価を「レピュテーション指数」として発表している。９つの要素とは，長期的投資価値，財政の健全性，資産の効率的活用，経営者の質，サービス/商品の質，イノベーション，人材活用，CSR，グローバル性を指す。米国における売上のトップ1,000社と米国外からFortune's Global 500 databaseに掲載されている100億USD以上の企業500社程度を選出し，52のインダストリーに分け，上記レピュテーションに関する調査を実施している。約3,470人の経営者，管理者，アナリストに対し，レピュテー

6　World's Most Admired Companies（Fortune, Korn Ferry），https://fortune.com/ranking/worlds-most-admired-companies/
7　Global RepTrak®100（RepTrak），https://ri.reptrak.com/2022-global-reptrak
8　Corporate Reputation Rankings（The Harris Poll, AXIOS），https://theharrispoll.com/partners/media/axios-harrispoll-100/

ションに関する9つの要素について評価記入を依頼し，その結果をスコア化して集計し，総合点をレピュテーションの高さとして算出している。

　RepTrack社のGlobal RepTrak®100もレピュテーションの構成要素を7つに分けて総合評価を実施している。本指数では，商品/サービス，メディアにおけるパフォーマンス，リーダーシップ，カスタマー/コミュニティとの絆，規範/規律，職場・労働環境，イノベーションを主要カテゴリーとして定義している。Fortune社が各分野のエキスパートに対するアンケートが基だったのに対し，この評価モデルでは，機械学習（ML），AI，自然言語処理（NLP），Rep Trak独自のレピュテーション集約プラットフォームを利用し，オンラインアンケート調査，主要メディア，ソーシャルメディア，ビジネス基礎情報，第三者機関のデータを分析し，最終的には100点満点でスコアを算出している。

　Harris Poll社のCorporate Reputation Rankingsでは，レピュテーションの高い企業上位100社として「人気投票」結果とアンケート調査による総合評価「RQスコア」の2つをアウトプットとして公表している。スコアリングの結果の100社を発表しているわけではなく，異なる評価手法の結果によるものであることが興味深い。前者「人気投票」については，ランダムに選定された米国に居住する回答者が「最も評判が良いと思う企業2社」「最も評判が悪いと思う企業2社」をそれぞれ回答し，これら回答を集計し，リスト化して，最も回答回数が多かった上位100社を選定している。

　「RQスコア」については，まず，レピュテーションの構成要素として，カスタマー/コミュニティとの信頼，倫理，企業文化，信頼，目標/ビジョン，成長性，商品/サービスの質の7つのカテゴリーを定義している。そのカテゴリーごとに，ランダムに選定した米国に住む約3万人にオンラインアンケートを実施し，100社に対する7項目のレピュテーション評価を依頼し，独自の重みづけをすることによりスコア化して定量化している。

　以上，3つの主要指標を比較可能に整理したものが，**図表8－3**である。

図表8−3 主要レピュテーション指標の比較

指標名 （会社）	価値算出種別（アウトプット） 「種別」：説明	単位	価値算出手法（インプット） 説明
レピュテーション	World's Most Admired Companies (Korn Ferry, FORTUNE)	①「レピュテーション指数」： インダストリー別に実施した9つのスコア要素の総合評価	スコア	米国企業で売り上げの高い順に1000社，米国外からFortune's Global 500 databaseに掲載されている100億USD以上の企業500社程度を選出。52のインダストリーに分け，各業界で売り上げの高い640社を選定 各インダストリーにおける尊敬されるべき企業を選定するため，約3,470人の経営者，管理者，アナリストに対し，レピュテーションに関する9つの要素について評価記入を依頼。スコアを集計し，総合点をレピュテーションの高さとして算出 ※レピュテーションに関する9つの要素 （長期的投資価値，財政の健全性，資産の効率的活用，経営者の質，サービス/商品の質，イノベーション，人材活用，CSR，グローバル性） ※補足 TOP50を選定するうえで，調査回答者に最も尊敬されるべき企業10社の回答を得る。ここでは，前年度調査において上位25%の企業および各業界の売り上げ上位20%の企業から成るリストより選定
	Global RepTrak 100 (RepTrak)	①「レピュテーションスコア」： 7項目の総合評価	スコア	GRT (Global Rep Track 100) という独自評価モデルでは，機械学習（ML），AI，自然言語処理（NLP），RepTrak独自のレピュテーション集約プラットフォームを利用し，オンラインアンケート調査，主要メディア，ソーシャルメディア，ビジネス基礎情報，第三者機関のデータを分析して，レピュテーション要素7項目（商品/サービス，メディアにおけるパフォーマンス，リーダーシップ，カスタマー/コミュニティとの絆，規範/規律，職場・労働環境，イノベーション）に対し，人々がどう感じているかを0-100でスコアを算出
	Corporate Reputation Rankings (Harris Poll)	①「人気投票」： レピュテーションの高い企業上位100社	社名	ランダムに選定された米居住の回答者が「最も評判が良いと思う企業2社」，「最も評判が悪いと思う企業2社」を回答し，これら回答を集計しリスト化。当リストより，最も回答回数が多かった上位100社を選定
		②「RQスコア」： アンケート調査よるレピュテーション7カテゴリーの総合評価	スコア	ランダムに選定した米国約3万人にオンラインアンケートを実施し，100社に対し7項目対するレピュテーション評価を依頼。評価結果を用い，下記の式を用いてスコア化 7項目： カスタマー/コミュニティとの信頼，倫理，企業文化，信頼，目標/ヴィジョン，成長性，商品/サービスの質 スコア算出式参考： RQ score is calculated by: [(Sum of ratings of each of the 7attributes) / (the total number of attributes answered x 7)] x 100. Score ranges: 80 & above: Excellent ¦ 75-79: Very Good ¦ 70-74: Good ¦ 65-69: Fair ¦ 55-64: Poor ¦ 50-54: Very Poor ¦ Below 50: Critical

　結論として，主要3つのブランド指標が試みるレピュテーション価値の定量化をそれぞれ比較してみると，いずれも独自に定義した多様な各構成要素を定性評価・スコア化して企業をランク付けしており，定性評価は企業の経営者，取締役，アナリストなどランダムに選定された回答者によって評価されている。各構成要素は，株式の長期保有性・財務の健全性・経営者の信頼性・ガバナン

ス・企業倫理など事業リスクの高低に対するものとイノベーション・商品/
サービスの品質・グローバル事業性など事業成長の高低に対するものに大別す
ることができる。

　これらの主要指数の構成要素選定にあたる背景としては，特に顧客を主たる
注目対象とするブランドと異なり，顧客，株主，従業員，地域社会を含む多様
なステークホルダーによる当該企業に対する認知を取り扱っていることが考え
られる。そのため，考慮する範囲が，極めて多様にならざるを得ず，また，金
銭的価値への換算が困難なため，定量化に当たってはスコア化に留まると推察
する。

3　企業価値とレピュテーション・ブランドの関係

(1)　企業価値と非財務資本

　企業価値とレピュテーション・ブランドの関係を考察するにあたり，まずは
企業価値の定義や構成要素と企業価値が創出されるメカニズムについて一般的
な議論を確認したい。

　企業とは，営利を目的として継続的に生産・販売・サービスなど経済活動を
営む組織体である以上，企業の価値（企業価値）とは，「企業が将来にわたっ
て生み出す利益の合計額（あるいは現在価値）」と定義される[9]。将来にわたっ
て生み出す利益やキャッシュフローをベースに，理論的かつ分析的に導き出さ
れた価値を「内在価値」と呼び，内在価値が株式市場で適切に評価されていれ
ば，株式時価総額＝内在価値となる。そのため，一般には企業価値といえば，
株式時価総額を指す。

　企業は，株主より原資たる財務資本の提供を受け，企業価値を高めることが
求められている。つまり，株主資本簿価（BV；Book Value）を起点に，市場
付加価値（MVA；Market Value Added）をいかに増やすことができるかが企
業経営手腕の巧拙の問われるところである。そのため，企業価値創出成果を評

　9　伊藤邦雄 著『企業価値経営』日本経済新聞出版（2021）

価する指標として，株式時価総額から株主資本簿価（BV）を除した時価簿価比率（PBR：Price to Book Ratio）が広く普及・参照されている。

　また，その企業価値を高めるためには，企業の内在価値や決定づける要因を分析・評価し，それを企業経営へと反映させなければならない。先述のとおり財務資本は原資であり株主資本簿価（BV）と整理されるならば，市場付加価値（MVA）の構成要素は財務ではない資本＝非財務資本である。非財務資本は一般的に，知的資本・人的資本・製造資本・社会関係資本・自然資本の5つに分類されている（**図表8－4**参照）。

図表8－4　IIR-PBRフレームワークのイメージ

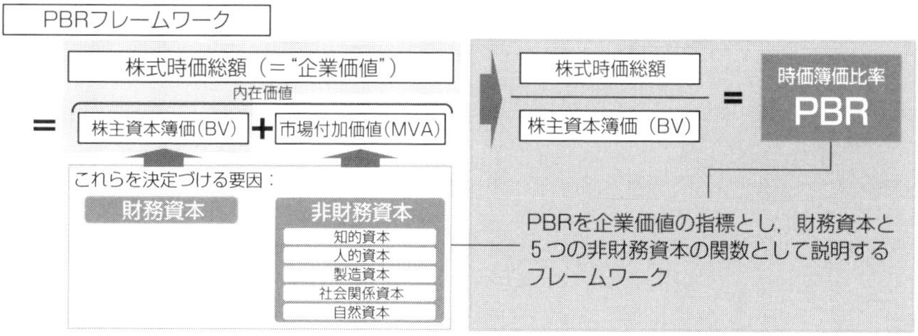

　また，PBRは，その構成要素として，当期純利益を自己資本で除した「自己資本利益率（ROE；Return On Equity）」と株式時価総額を純利益[10]で除した「株価収益率（PER；Price Earnings Ratio）に分解できる。前者のROEは，投資家が投資した資本に対して，企業がどれくらい利益を生み出せるかを示しており，企業の経営効率を示している。そのため，比較的短期的な創出成果を測っているといえる。他方，後者のPERの一般的な傾向としては，企業の今後の成長期待が高いほど，さらなる株価上昇を期待して株価が高くても買う投資家が出てくるため，PERは高くなる。つまり，ROEに比して，長期的な成長期待を測っているといえる。成長期待とは，投資家群の将来にわたる事業継続

10　1株当たり利益（EPS）で算出される場合もある。

性への不安の集合（資本コスト；r）と将来にわたる事業成長性への信頼性の
集合（期待成長率；g）の差分と整理できる（**図表8－5**参照）。

図表8－5　PBRの簡易的要素分解

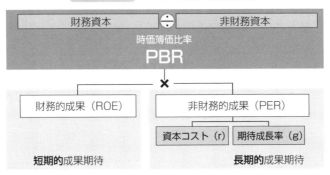

⑵　非財務価値におけるレピュテーションとブランドの位置づけ

　以上が企業価値の定義や構成要素と企業価値が創出されるメカニズムについ
て一般的な議論である。ここからは，レピュテーションとブランドの位置づけ
を議論したい。

　ブランドは「顧客を主要対象とし，購買意思決定時により多く・より高く支
出を促す機能とその要素」と定義されている。例えば，製品やサービスにおい
て決定的な差別化要素や顧客ロイヤリティが創出されるとブランド価値は上昇
する。ブランド価値上昇は，価格プレミアムや顧客の継続購入・波及製品購入
といった形で現れる。このような流れが想定されている。これらは基本的に，
現時点で競合に比してより利幅が確保できること，顧客層を拡充できることを
意味しており，先述の企業価値創造メカニズムに照らした場合，短期的な成果
期待，すなわち財務的成果（ROE）に貢献する傾向にあるといえる。

　他方，レピュテーションは，各種主要レピュテーション指標の内容を振り返
ると顧客のみならず，投資家・取引先・従業員など多様なステークホルダーを
対象としている。また，イノベーションやサービス品質・経営者の経営手腕と
いった事業成長促進に係る要素のほか，財務健全性・ガバナンス・企業倫理な

どや事業リスク低減などが，その構成要素である。これらは，顧客の場合，上述ブランドと同様に購買決定に左右することも想定されていた。しかし，このほかにもステークホルダーごとに多様なインパクトが導出されていた。すなわち，投資家に対しては長期的に安定して保有を促している。取引先に対しては，与信上の自社信用リスクを低減させ，価格交渉上のバーゲニング力を向上させ，長期的に安定して取引を継続させている。従業員に対してはリクルーティング・リテンションコストを低減し，自発的創意工夫による業務高度化，コーポレートアイデンティティ醸成による高い倫理観を達成させているなどである。確かにこれらは，短期的な事業収益確保にも効果が期待されるが，総じていえば，事業継続性への不安（資本コスト；r）を低減したり，将来にわたる事業成長性への信頼性（期待収益率；g）を向上させたりすることに貢献する項目が多いことがわかる（**図表 8 − 6** 参照）。

図表 8 − 6　　ブランド・レピュテーション要素＝企業価値の関係性整理のイメージ

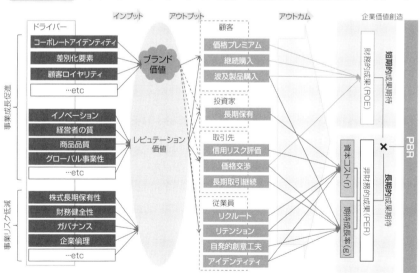

　つまり，企業価値が創出されるメカニズムにおいて，レピュテーションとブランドの位置づけの違いは，レピュテーションはどちらかといえば，長期的成

果期待である非財務的成果（PER）に貢献し，ブランドは短期的成果期待である財務的成果（ROE）に貢献する傾向がある。また，各項目を通じてPBR上昇への寄与度がそれぞれレピュテーション価値・ブランド価値として整理される。

　その意味で，企業経営，すなわち，PBR上昇を主要指標とする株式時価総額をいかに上げるかという営為において，レピュテーションとブランドの管理は両輪をなすものとして捉えることができる。

(3)　企業価値とレピュテーション・ブランドの関係に関する先行研究

　以上の議論は，あくまで，主要なレピュテーションとブランド指標の算出項目・構成要素から導出される，企業価値創出メカニズムにおける期待役割想定にすぎない。実際に，レピュテーション・ブランドのいずれもが，その価値上下や企業価値上下と相関あるいは因果関係にあるのか，実証研究の有無を参照したい。

　ブランド指標と企業価値の関係性を論じた先行研究は多く，いずれも有意に正の相関関係を確認できるとしている。例えば，Barth[11]は，Interbrand社のブランド価値を用いて1株当たりの相関関係を分析している。その結果，1株当たりのブランド価値の係数は統計的に有意と証明している。本研究では，ブランド価値と企業価値とのモデル化に伴って，ブランド価値のほか，1株当たり純資産（BPS；Book Value Per Share），1株当たり利益（EPS；Earnings Per Share）などの変数も利用していることが特徴である。

> ➤　ブランド価値＝株価－（定数＋1株当たり純資産＋1株当たり利益）
> 　　　✧　$P_i = c + \beta 1 BPS_i + \beta 2 EPS_i + \beta 3 Brand_i$
> 　　　✧　c＝定数
> 　　　✧　P_i＝株価
> 　　　✧　BPS_i＝1株当たり純資産（Book Value Per Share;BPS）
> 　　　✧　EPS_i＝1株当たり利益（Earnings Per Share;EPS）
> 　　　✧　$Brand_i$＝Interbrand社の算出するブランド価値

11　Barth et al, 1998, "Brand values and capital market valuation",
　　https://link.springer.com/article/10.1023/A:1009620132177

このほか，Colleenも株価とブランド価値の関係性を簿価，１株当たり当期純利益Interbrand社ブランド価値を用いて回帰分析し，結果，ブランド価値の株価に対する正の相関を証明している[12]。

Interbrand社以外にブランド価値の指標を求めた研究としては，経済産業省の企業法制研究会において独自に定義したブランド価値の株価関連性と超過収益の獲得可能性を検討している。

具体的には，ブランド価値評価研究会により，ブランドの価値を算出する公式を以下のように構築している。

ブランド価値＝f（PD＋LD＋ED）
　　PD（Prestige Driver）＝超過利益率 × ブランド起因率 × 売上原価
　　LD（Loyalty Driver）＝（売上原価μ－売上原価σ）/売上価格μ
　　ED（Expansion Driver）＝海外売上成長率及び本業以外のセグメント売上
　　　　　　　　　　　　　　高成長率の平均

桜井・石光は，上記モデルを使用し，ブランド価値の株価関連性を分析し，その結果，ブランド価値評価額は，株価水準や時価総額の企業価値を追加的に説明できる能力を有していると判断した[13]。

これらの研究で，ブランド価値の機能がより高いマージンを得るための知的資本として，それを表す指標が適切に設計されていることが確認できたといえる。

次に，レピュテーション指数と企業価値の関係について，先行研究を確認する。ブランドにおけるBarthの検討と同様に，財務的変数を加えてモデル化を試みたBlack・Carnes[14]の研究を皮切りにSimon（2013）[15]，Benjamin（2019）[16]

12　Colleen P. Kirk, Ipshita Ray, Berry Wilson, Journal of Brand Management, 2013, "The Impact of Brand Value on Firm Valuation: The Moderating Influence of Firm Type", https://www.researchgate.net/publication/256064905
13　経済産業省（企業法制研究会），2002, "ブランド価値評価研究会報告書", https://www.fbc.keio.ac.jp/-dokamoto/brand.pdf
14　Black, E.L. and Carnes T.A, "The Market Valuation Corporate Reputation", 2000, （PDF）The Market Valuation of Corporate Reputation（researchgate.net）

などがレピュテーションを構成する各種要素と企業価値との関係を直接検討している。具体的には，先述の公表されている主要レピュテーション指数の基本的な考え方と類似しているが，レピュテーションをQuality（製品・サービス・経営の品質），Performance（財務的パフォーマンス），Responsibility（企業の社会的責任），Attractiveness（企業が持つ尊敬や魅力）の4カテゴリー（9つの小項目）に分け，個人の企業に対する認知，親近性の高低を評価するためにアンケート調査を実施している。得られたレピュテーションスコアと将来の株式調達資本コストの関係性を相関分析し，その結果として，高いレピュテーションを獲得する企業ほど，将来の株式調達資本コスト（コーポレートリスクの代理変数）を減らすことができることを回帰分析で証明している。

こうしたレピュテーション指数と企業価値との関係を検証する研究の中で特筆すべきことは，企業価値に対して有意に貢献し得るレピュテーション価値の構成要素の1つとして，財務リスクを取りあげている点である。この財務リスクとは具体的には，財務の健全性・成長率と定義している。つまり，レピュテーションは，ブランドとの対比の中で，どちらかといえば長期的成果期待である非財務的成果（PER），特に資本コスト（r）提言に貢献していることを証明したことになる。

(4) レピュテーション毀損事例の参照

実際にレピュテーションが損なわれたと思われる近年の事例を参照しても企業価値減少が観察できる。レピュテーションの主な構成要素である①商品・サービスの品質，②経営者の能力・行動，③信頼性，④労働環境，⑤CSR，⑥財務の健全性，⑦顧客との絆，いずれもそれらへの信頼性が棄損される事案が起きると企業の株価は下落する傾向がみられる（**図表8－7** 参照）。

---

15 Simon Cole,World Economic Journal, 2013, "The Impact of Reputation on Stock Market Value", The Impact of Reputation on Stock Market Value（world-economics-journal.com）

16 Benjamin Pfister, Manfred Schwaiger,Tobias Morath, Business Research, 2019, "Corporate reputation and the future cost of equity"（springer.com）

図表 8 － 7　　近年のレピュテーション毀損事例

日付	企業	棄損価値	概説と株価インパクト
2022/12/24	自動車メーカー	経営者の質	CEOイーロン・マスク氏による一連のTwitter買収騒動で株主，投資家らに混乱を招き，騒動前後で株価は約45%下落
2022/9/9	精密機器製造	商品品質	子会社の航空用イヤープラグの製品不良により，利用者の聴覚障害を引き起こし，2022年9月の株価は前月比19%下落
2022/1/4	大手銀行	財務健全性	一連の不祥事や提携運用ファンドの投資トラブルにより同日の同行社債が10%超下落
2021/10/6	運用会社	信頼性	ESGウォッシュ疑惑がかかり，同社株価は一時14.2%安
2020/12/3	保証会社	経営者の質労働環境	社長のパワハラ問題で同日の東証一部値下がり率5位で推移
2020/8/11	船舶会社	サービス品質	モーリシャス沖の座礁事故で株価は一時5%安
2019/5/30	食品会社	顧客との絆	大阪府店内にてアルバイト従業員が自社のサービスに関連する不適切動画を投稿。株価27%下落
2019/4/30	情報関連会社	サービス品質信頼性	Web上の大手企業広告コンテンツが過激なヘイトスピーチの隣に掲載され，彼らに広告費が払われていた等の事件で株価一時8%下落
2018/11/20	自動車メーカー	経営者の質	会長らの逮捕を受け，同日株価は一時6%下落。その後も同社企業連合にも影響し，連携関連会社の株価も一時7%下落
2018/4/24	航空会社	経営者の質労働環境	パワハラによる相次ぐオーナーリスクにより，関連問題が本格化。6営業日のうちに8%下落

2 企業価値経営推進のためのレピュテーション価値の経営管理

1　レピュテーション価値の経営管理に向けて

⑴　レピュテーション経営管理に必要な3つの機能の有機的な連携

　これまでレピュテーションというコンセプトの対象領域と構成要素を理解するために広く参照されている各種の主要な外部評価指標の設計を確認した。その後，企業価値創出プロセス理論におけるレピュテーション管理の位置づけと理論が実証的にも企業価値創出に作用することを確認した。最後に，レピュテーション管理を経営管理の具体的なオペレーションに落としこんでいったときにどのような管理体制や検討が必要なのか，また，望ましいアウトプットとは何なのかについて議論したい。

　レピュテーション管理経営を最もハイレベルに分解すれば，「戦略立案・推進」「インテリジェンス」「コミュニケーション」の3つに分けられる。

　まず，「戦略立案・推進」機能は，レピュテーション管理に向けて現状理解や目標設定，目標達成に向けた戦略立案から，PDCA体制構築をデザインし，運営するためである。次に必要な情報を集め，自社の経営にとっての重要性を評価し，適時・適切に経営アジェンダへと設定するための「インテリジェンス」機能も重要である。最後にレピュテーション管理経営の成果をステークホルダー種別ごとにメディアとストーリーを適切に使い分けながら浸透させ，最終的にはステークホルダーの行動変容を導出しきるまで責任を持つ「コミュニケーション」も必要である。この3つの要素の有機的連携がレピュテーション管理上，望ましい（**図表8−8**参照）。

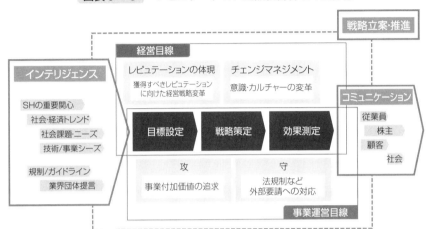

図表 8 − 8　　レピュテーション起点経営管理の全体像

　特に「戦略立案」機能にあたっては，インテリジェンスから上がってきた経営アジェンダと事業環境・現時点自社レピュテーション理解（理解の詳細については後段で議論）を起点に獲得すべきレピュテーションの定義を行うことが，その中心的な役割である。ただし，その役割は複合的であり，企業経営目線のレイヤーでいえば，「レピュテーションを体現するための企業経営自体をどうデザインするか」という詳細な理想形の描画とそれに向けた変革ロードマップのデザインが必要になる。特にレピュテーション管理の場合には，ブランドと異なり商品・サービスの品質だけでなく，経営者の能力・行動や顧客との絆，その他サプライヤーなど外部ステークホルダーからの信頼，労働環境など多様な構成要素を持つため，企業の構成員一人ひとりの行動・態度が大きく関係する。その意味では，変革ロードマップ中，いわゆるチェンジマネジメントといわれる意識や企業カルチャーの変革にどう取り組むのかということも検討しなければならない。

　他方，事業運営目線レイヤーでも異なる性質の戦略性が必要になることに留意したい。まさにブランド戦略（顧客の戦略的な認知管理の結果としてより長く・より多く購買を促す）として，得られた，あるいは得ようとするレピュ

テーションにより事業付加価値をどう追求すべきかを検討しなければならない。前項の議論でいえば，社会関係資本としてのレピュテーションをさらに増大し，いかに事業（企業）価値増大を図るかというプロセスである。また，レピュテーション管理上最も大きなリスクとなりうる法規制やガイドラインなど外部要請への対応を各項目の重要性評価を基礎に，実効的な対応方針を定めていくことになる。

⑵　レピュテーション理解〜経営戦略への組込み時に生じる課題

　これまで，概念として価値創造経営におけるレピュテーション管理の位置づけを議論してきたが，最後に，個別レピュテーション項目の理解から経営戦略検討とアジェンダを評価し，戦略管理に至るまでの具体的運用の在り方と分析技術の活用について議論をする。いわゆる前項の「インテリジェンス」機能に要求される活動群である。

　運用ステップの第一に，レピュテーションにかかわる情報収集と評価がある。レピュテーションの向上・棄損いずれの方向性においても重視すべき項目は，属する業界によっても時節によっても変わってくる。そのため，事業の外部環境を鑑みた場合，業界全体でセンシティブにならざるを得ない項目や方向性の認識・事業機会・多様なステークホルダーからの要請などを棚卸し，カテゴリー化[17]し，取り組むべき項目の優先順位付けなどが必要となる。同時に，内部環境分析として，自社の社会経済的な目的意識・競争優位性から端を発する変容すべき自社のレピュテーション像の明確化のプロセスが求められる。そのうえで，経営戦略として優先して取り組むテーマを定義することが求められる。しかし，経営戦略テーマとして検討するためには，事前に仮説としてでも定量的な目標とそこに至るまでの定量的な経営管理数値（結果KPIとプロセスKPI）を設定することも重要だ。

　しかし，多くの企業が抱える課題は，これら一連の情報収集と評価が多分に

17　カテゴリー化に当たっては前項目議論のレピュテーション外部評価機関の定義するカテゴリーが参考になる。

定性的に終始してしまい，統合的・定量的に検討することは困難である。

　例えば，

- ●レピュテーションに係る事業環境分析で判明したリスクを比較しどの項目を重視するのか。
- ●評価した結果，重要テーマを設定できたとしてもレピュテーショナル・リスクの棄損リスクや向上はどの程度の企業価値を創造するのか。つまり，プロセスKPIを１つ前進させると，企業価値にどの程度貢献するのか。

これらのキークエスチョンの検討について定量的な分析が必要になる。

　事例として，「サプライチェーン全体を通したウェルビーイング推進により自社レピュテーション向上を図る場合，具体的手段の優先順位づけと期待する効果」に関する議論について考えてみたい。

　具体的な活動として，例えば，自社社員だけでなく，自社の最終製品化にかかわり必要になる素材・部品の供給事業者，組み立てや品質保証に携わる外部委託事業者や彼らのまたその先の取引先まで，労働環境や取引形態をより健全かつ健康的なものにするための理解促進活動や活動遵守状況のモニタリング・開示を推し進めるような活動である。活動の目的自体は，確かに製造業などに照らした場合，社会全体のサステナビリティ追求が事業運営にも強く求められるようになっていることもあり，近年の社会トレンドや企業への要求事項に合致するかもしれない。しかし，これらを企業のレピュテーション管理として，棄損リスクが高い領域の評価と当該領域への負うべきコスト，あるいは，事業機会として捉えた場合に，レピュテーション向上時に「どのような効果を生むのか」ということをレピュテーション種別ごとに整理しながら将来の見通しを語りきることが必要になるため，高度な分析技術が必要になることが想像できる。

　この場合，課題の所在を４つに集約できる。

　第一に経営上の個別レピュテーション管理対象項目の重要性を評価するためのデータ収集が困難だということだ。多くの企業では，重要性検証のためという理由で，社内外の各部門からデータを長期的に収集する協力を取りつけるこ

とが難しい。

　第二に「ウェルビーイング（私生活と労働環境における心身の満足度）推進によるレピュテーション向上」を事例とすると，テーマによっては目的の定義上，または管理を可能にするための具体化に問題が生じることである。つまり，具体的には何をさすのか，どのような数値として検出されるのか，データが定期的に収集・分析可能なのかといった疑問に答えきることが難しい。

　第三の課題は，特定アクティビティ（例えば自社取引先であるサプライヤーへの労働環境改善のための啓発活動）の結果のレピュテーション向上と企業価値との間に定量的な関係性を見出せたとして，その間の具体的に自社を中心とするエコノミー内におけるさらに詳細な作用を説明することが難しいということだ。逆に，レピュテーション向上（原因）と企業価値向上（結果）の関係を明確にするだけで，その間にある各ステークホルダーの具体的な行動変容に至るまでの作用を説明できない限り経営管理の対象にはなりえない。これらの作用を説明するためには，経験蓄積のほか，社会科学的な知見蓄積や洞察も必要となる。

　最後の課題は，導き出された答えに対し，長期的にリソースを割く覚悟を経営陣にどのように訴求しつづけるかということだ。様々な検討の結果，明らかになったウェルビーイングと企業価値の間の委細な根本原因解析（ルートコーズ）を基礎として，PDCAサイクルを回すためにはそれ相応のリソースが必要となる。

⑶　経営管理対象たるレピュテーション項目評価のための定量/定性分析技術

　第一の課題の解決は，前項議論のレピュテーションを評価するための主要外部指標の体系の参照が役に立つ。①商品・サービスの品質，②経営者の能力・行動，③信頼性，④労働環境，⑤CSR，⑥財務の健全性，⑦顧客との絆などすでに一定の類型化がなされており，この類型にしたがって自社の業容・業態を加味してどのような項目がレピュテーションの管理対象候補になりうるかを棚卸し，評価をしていくことになる。

　そうした管理対象候補は事業価値との関係の有無の確認と当該関係が作用する過程の説明の付与をどうするかという第二，第三の課題は，それぞれ定量・定性分析の検証技術を利用することが好ましい（**図表8－9**参照）。

図表8－9　**レピュテーション項目の定量分析と定性分析のイメージ**

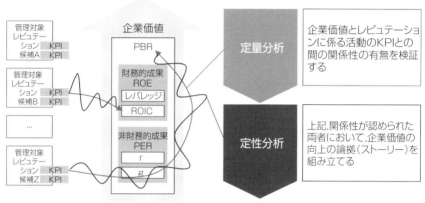

r：資本コスト　g：期待成長率

　定量的検証とは，特定のレピュテーション管理対象候補に関する活動達成目標値（KPI；例えば，産休取得期間向上による女性従業員のウェルビーイング増進など）が，企業価値創造の代理変数（例えばPBR，PER，ROEなど）に対し，定量的な相関的・因果的回帰の関係性が確認可能かどうかということである。

　一見困難なようにも思えるが，計量経済学の世界では先験的な知見が多数蓄積されており，技術的には十分可能になってきている。そうした非財務的なレピュテーションに係る活動とその開示による成果周知に関する評価が株価や株式リターンに対する重要な要因となってきていることを示す研究は増えつつあり[18]，近年では，企業価値だけでなく，企業のレピュテーションに関する評価と企業の信用スプレッドの関係（つまり長期的な事業継続性へのリスク認識）

18　Hong and Kacperczyk（2009），Borgers et al.（2015），Gibson Brandon and Krüger（2018）　など

を分析する研究成果も生まれてきている[19]。こうした知見を応用し，簡便化し，実務的な利用に堪えるまで洗練できれば，具体的なレピュテーション管理対象項目候補に係る向上施策（アクティビティ）や結果数値が企業価値創造に貢献することに確信を持つことができるようになる。

　しかし，依然として，当該レピュテーション管理対象項目に係るアクティビティと企業価値創造が起こる過程について，どのような作用が社会における各ステークホルダーとの間，また，企業組織内で働いているかまでは確認に至っていない。そこで，定性分析として，原因（アクティビティ）と結果（企業価値向上）との間の作用を描画する。このときもやはり先行研究や自社の経験の棚卸を基礎にすることで，思い込みを排除し，客観性・確証性を重視することが重要である。これをルートコーズ仮説という。

　また，今後のPDCAによる心理的な認知という視覚化が極めて困難なレピュテーションに係る経営管理プロセスの概念の洗練を予定するため，事後的な検

図表 8 −10　　レピュテーション項目の企業価値への具体的組織作用仮説のイメージ

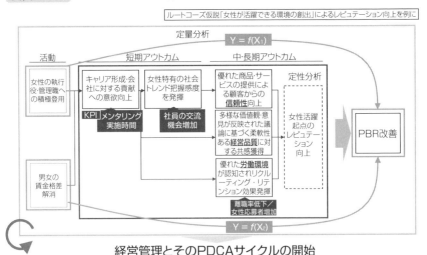

証のために想定する作用の各段階で観察に資するKPI（いわゆるプロセス
KPI）の定義も必要になる。こうした定性・定量的結果をもって，管理対象と
するレピュテーションテーマの集約・特定や経営管理数値の管理をしていく
（**図表 8 －10参照**）。

⑷　**経営管理対象たるレピュテーション項目体系化**

　最終的には，マネジメント層・現場責任者層が常に参照するための経営ダッ
シュボードや統合報告書に総合的なレピュテーションに係る企業価値創造ス
トーリーが一覧的な概念図レベルでわかりやすく示されることになる（**図表 8
－11参照**）。

　この概念図では，企業の外部環境を鑑みた場合，レピュテーションに関わる
業界全体の方向性（メガトレンド）の認識，最も留意すべきリスク事項・事業
機会の設定，多様なステークホルダーからの要請の棚卸，取り組むべき項目の
優先順位づけなどが必要となる。同時に，内部環境分析として，自社のレピュ
テーション価値最大化施策パッケージ全体として目的意識の言語化，競争優位
性の明確化，その競争優位性を継続させる仕組みの確認などのプロセスが一覧
的に描画されている。さらに，定量的な経営管理数値（結果KPIとプロセス
KPI）を設定され，この数値の上下がどのように企業価値に影響を及ぼすのか
係数を付した形式で現れていると望ましい。

　重要なのは，完璧な定性・定量分析による定量モデルやルーコーズ仮説を体
系化することではなく，レピュテーション向上施策全体の明示的な目的から始
まり，注力テーマ，施策とその優先度評価，施策を通じ達成すべきKPIと最終
的な事業価値との関係性について検討すべき項目が見落とすことなく検討され
ており，一定の仮説のうえであっても結論が導出されていることである。こう
した議論の体系化と視覚化を基盤として，レピュテーションの経営管理上のノ
ウハウが漸進的に継続していくことにこそ意義がある。

図表 8 −11 レピュテーション項目と企業価値との関係性仮説のイメージ

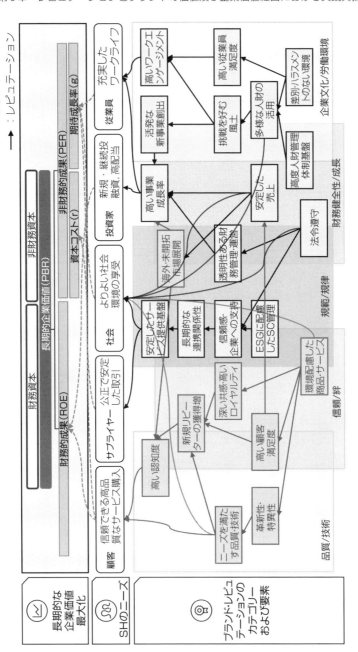

(5)　戦略的レピュテーション管理のための分析技術の限界と必要な社内議論

　前段では，レピュテーションの管理対象候補を定量・定性分析技術を用いて，絞込み，そのうえで，各種施策をどう有機的に結合させていくのかという議論をしたが，他方，これは既知のレピュテーションテーマを前提としていることに留意したい。企業は，将来に向けて自社形成したいレピュテーションの絵姿と外部環境を認識し，新しいテーマを継続的に模索しなければならない。

　企業を取り巻く環境は常に変化している。CSRDやGRIスタンダードといった主要なガイドラインや投資家・顧客・従業員の関心事項の変化は当然レピュテーションにかかわるリスクと機会の所在を可変するものであるし，デジタル技術の革新や自社事業ポートフォリオ方針変革もまた，これまでの主要管理テーマ・項目から変更を余儀なくされる一因である。

　こうした常に変化する事業環境と継続的に将来獲得を図る自社レピュテーション像を検討しなければならない状況において，定量・定性分析が既知の重要テーマを前提とする以上，定量・定性分析で可能なのは，既知の重要テーマから現在の強みを推測するか，企業がこれまで強みと定義してきた資源が，重要テーマKPIを通じ企業価値に資する強みであるか検証するという範囲に限られるのである。まして，将来自社が獲得を希望する将来の獲得したいレピュテーション像を見出すことは不可能であり，この定量・定性分析の限界について留意が必要になる（**図表8－12**参照）。

　逆説的に，将来の獲得したいレピュテーション像は，各企業におけるトップマネジメントの方針や構想のなかにしか答えはない。これまでの社会トレンドやステークホルダーの要求・関心事項とこれまでの事業ポートフォリオを当面維持されるという前提に立った場合のレピュテーションのリスク・機会を明確にするために定量・定性分析を用いてフォアキャスト（現在を起点として未来を導き出す思考）するだけでなく，今後変容する事業環境や新たなステークホルダーの関心事項，自社事業の将来像を起点とした場合の将来獲得したいレピュテーション像をバックキャスト（未来の目標を起点として，そこから逆算して解決策を考える思考方法）する工程が必要になる。

図表 8 －12　将来獲得したいレピュテーション像の企画・描画の重要性

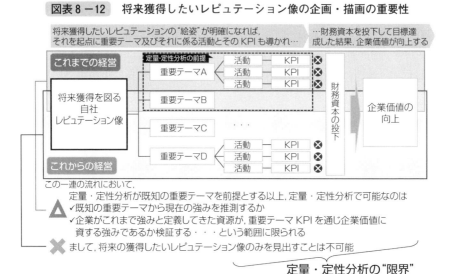

　その際，有用なのはハイレベルな概念として洗練されたレピュテーション像を経営陣による集中討議などを通じて引き出すか，社員一人ひとりが目指したいレピュテーション像の総体を丁寧な全社的な議論の展開により描画するしかないのである。

おわりに

　新時代と銘打ったが，要は，SNS等の進化で新たなレピュテーショナル・リスクの側面が見えたので，その対応を促す書籍という印象を読者はタイトルからはお持ちだったかもしれない。

　確かに，リスクとしては新たな側面があるかもしれないが，筆者含め担当執筆者はリスク管理の専門家なので，いわばこれまでのリスク管理のフレームワークに従って，複合リスクであるがゆえの管理枠組み，KPI/KRI等も含め予兆管理や管理手法の選択，モニタリングや会議体でのエスカレーションなど，新たな複合リスク（例えばコンダクト・リスク）に対応する時と同じようなチェック項目で論じている側面もある。

　しかしながら，レピュテーショナル・リスクが20年以上前からバーゼル委のペーパーで明確に認識されつつも，また，SVBや他の大手金融機関にも生じているような噂に基づく損失事象が発生してきていたにもかかわらず，これまで効果的な定量化手法が開発されなかったことはそれなりに理由がある。定量化が困難といえば簡単だが，やはり，SNS等の特徴として，情報が不特定，無方向に拡散するため，原因行為と結果事象がなかなか結びつきづらい，ということが主な要因ではないかと推察される。

　また，SNS等の社会的な役割という側面もポイントであろう。例えば，中国では当局がSNS等も監視しているが，共産党の意思決定に影響を与えるのはSNS等に投稿される，顔の見えない無数の国民の意見だ。メディアも国の監視下に置かれていることを考えると，ある意味，SNS等による情報伝達が民主的な公正な政治過程を担保する役割を一部果たしているともいえる。逆にいえば，SNS等に民間企業のレピュテーショナル・リスクの火種がいくら燻っていようとも，この民主的な政治過程への貢献を考えるとなかなか管理，規制，コントロールが困難ということだ。

　犯罪防止という側面では，SNSの管理・規制が強まることもあろうが，金融

のリスク関連の規制としては上記のような背景もあり，なかなか金融機関が望むような規制の進展は，バーゼル委も含め期待できないであろう。

　そこで，やはり，レピュテーショナル・リスク管理は規制対応ではなく，内部管理高度化で対応すべきリスクといえよう。複合リスクの側面は，これまでも金融機関はコンダクト・リスクへの対応や最近ではオペレーショナル・レジリエンスなど新たな複合リスクへの対応などで経験は豊富であると考えるので，複数の関係部署を巻き込んだ管理枠組みについては，組織により対応は違うものの，何とか克服できる課題と考えている。問題は，定量化の部分で，本書でも，レピュテーションの原因行為と結果事象の因果関係の問題や，損失をシナリオで分析するオペレーショナル・リスクの先進手法の援用でレピュテーショナル・リスク VaRを計量することに触れたが，これに抵抗感があることは想像に難くない。ただし，一方で，気候変動リスク，サイバーリスク，戦略リスク等，様々なリスクが金融機関を取り囲むなか，どこに最大のリスクが潜んでいて優先的に対応するかどうかは，金融機関の業務が多様化・複雑化するなか，重要なポイントだ。そのためにも，使う前提条件を明確にしたうえで，レピュテーショナル・リスクを定量化していく努力はあきらめてはいけないと考えている。

　さらに，本書では，レピュテーションのポジティブな側面でもあるブランド価値等により企業価値を高める側面にも考察を加えた。気候変動と同様に，リスクと機会の2面から捉えるイメージだ。レピュテーションのリスクを上手にコントロールする，ということは，見方を変えれば，企業のレピュテーションを高め，非財務的な企業価値を高めることにもつながることになる。もう少し踏み込んだ見方をすれば，SNS等の普及で情報の伝達速度が速くなり，金融機関に関する情報がネガティブにもポジティブにもよりセンシティブに反応しやすくなっているということかもしれない。すなわち情報に対して企業価値が反応するボラティリティが高くなっているということだ。情報量を尺度化すれば，情報量のボラティリティに対する企業価値のようなイメージで情報シャープレシオのようなものを見ることになる。こうした情報に対するボラティリティや

感応度を上手にコントロールすることで，レピュテーションのネガティブ，ポジティブの両面をうまくバランスさせて，結果として企業価値を高める方向で運用していくことが今後，各金融機関に求められているものと確信している。

　最後に，本書は，レピュテーショナル・リスクだけではなく非財務リスク管理全般で実際のアドバイザリーで対応している専門家がそれぞれの知識と経験をフルに駆使して書いたものだ。現時点でのレピュテーショナル・リスク管理，レピュテーション向上について望ましいアプローチを適確に示唆しており，金融機関の実務管理者のお役に立つものと信じている。さらにいえば，情報テクノロジーの進展は目覚ましく，今後10年内に必ず，レピュテーショナル・リスクの新たな質の変化が訪れるのは確実とみられる。そもそも，金融機関は，長期・短期の調達・運用構造の違いから従前から取り付け騒ぎのリスクに晒されてきたように，今後も常にレピュテーションに特に気配りが必要な産業と考えており，是非とも本書が参考になれば幸いである。

　なお，出版にあたっては，中央経済社の奥田氏をはじめ，多くの方にお世話になった。心からの深謝を表して結びの言葉としたい。

2023年7月

森　滋彦

■**参考文献**

第1章

BCBS（1988）：International convergence of capital measurement and capital standards

BCBS（2006）：Basel II：International Convergence of Capital Measurement and Capital Standards

BCBS（2017）：Basel III：International regulatory framework for banks

BCBS（2019）：Supervisory Review Process（SRP30）Risk management

BCBS（2017）：Identification and management of step-in risk

FSB（2013）：Thematic Review on Risk Governance

櫻井通晴（2011）：「コーポレート・レピュテーションの測定と管理」同文舘出版

櫻井通晴（2003）：「バランスト・スコアカード」同文舘出版

チャールズ・J・フォンブラン他（2005）：「コーポレート・レピュテーション」東洋経済新報社

森　滋彦（2020）：「非財務リスク管理の実務」きんざい

第2章

BCBS（2019）：Supervisory Review Process（SRP30）Risk management

金融庁（2018）：金融検査・監督の考え方と進め方（検査・監督基本方針）

金融庁（2018）：コンプライアンス・リスク管理に関する検査・監督の考え方と進め方（コンプライアンス・リスク管理基本方針）

金融庁（2022）：「2022事務年度金融行政方針について」

経済産業省（2019）：グループ・ガバナンス・システムに関する実務指針（グループガイドライン）

第3章

Akhtar Siddique, David Lynch and Iftekhar Hasan（2019）：「Stress Testing」

James Lam（2014）：「Enterprise Risk Management」

John C Hull（2014）：「Options, Futures, and Other Derivatives」

Richard Brealey（2019）：「Principles of Corporate Finance」

大山剛他（2012）：「これからのストレステスト」きんざい

金融庁（2021）：「バーゼル銀行監督委員会による『健全なオペレーショナル・リスク管理のための諸原則の改訂』の公表について」

小林孝明他（2009）:「オペレーショナル・リスク管理高度化への挑戦」きんざい

櫻井通晴（2011）:「コーポレート・レピュテーションの測定と管理」同文舘出版

山口真一（2022）:「ソーシャルメディア解体全書」勁草書房

岩田弘尚（2010）:「コーポレート・レピュテーションの測定とマネジメント」

北見幸一（2008）:「コーポレート・レピュテーションとCSR—レピュテーションを高めるCSRに向けて—」

⬭ 第4章

金融庁（2018）: コンプライアンス・リスク管理に関する検査・監督の考え方と進め方（コンプライアンス・リスク管理基本方針）

金融庁（2022）:「2022事務年度金融行政方針について」

⬭ 第5章

FSB（2013）:「Principles for an Effective Risk Appetite Framework」

James Lam（2014）:「Enterprise Risk Management」

大山剛（2015）:「リスクアペタイト・フレームワークの構築」中央経済社

金融庁（2022）:「2022事務年度金融行政方針について」

⬭ 第6章

CDP（2022）:「CDP 気候変動レポート 2022：日本版【ダイジェスト版】」

G7（2022）:「G7 Fundamental Elements for Third party cyber risk management in the financial sector」

GRI（2021）:「GRIスタンダード」

TCFD（2017）:「Recommendations of the Task Force on Climate-related Financial Disclosures」

TNFD（2022）:「v0.3 of the TNFD beta framework」

UK PRA（2021）:「Outsourcing and Third Party Risk Management」

環境省（1987）:「『Our Common Future（邦題：我ら共有の未来)』概要」

金融庁（2022）:「金融セクターにおけるサードパーティのサイバーリスクマネジメントに関する G7 の基礎的要素（仮訳)」

櫻井通晴（2011）:「コーポレート・レピュテーションの測定と管理」同文舘出版

第7章

SVB，ウェルズ・ファーゴ，ソシエテ・ジェネラル，シティグループ，RBS各社の統合報告書参照

第8章

Barth et al,（1998）"Brand values and capital market valuation",
https://link.springer.com/article/10.1023/A:1009620132177

Benjamin Pfister, Manfred Schwaiger, Tobias Morath,（2019），"Corporate reputation and the future cost of equity", Business Research, Corporate reputation and the future cost of equITy（springer.com）

Best Global Brands（Interbrand），
https://www.interbrandjapan.com/ja/brandranking/method.html

Black, E.L. and Carnes T.A,（2000），"The Market Valuation of Corporate Reputation",（PDF）The Market Valuation of Corporate Reputation（researchgate.net）

BrandZ（Millward Brown），https://www.kantar.com/zh-cn/expertise/brand-growth/brand-strategy/brandz

Colleen P. Kirk, Ipshita Ray, Berry Wilson,（2013）"The Impact of Brand Value on Firm Valuation: The Moderating Influence of Firm Type", Journal of Brand Management, https://www.researchgate.net/publication/256064905

Corporate Reputation Rankings（The Harris Poll, AXIOS），
https://theharrispoll.com/partners/media/axios-harrispoll-100/

Global Rep Trak 100（Rep Trak），https://ri.reptrak.com/2022-global-reptrak

Hong and Kacperczyk（2009），Borgers et al.（2015），Gibson Brandon and Kr ̈uger（2018）など

Nuno Da Camara,（2007）：Brand and reputation: equals or opposites?（https://journals.sagepub.com/doi/pdf/10.1177/174578660701800402）

Richard Ettenson and Jonathan Knowles,（2008），Don't confuse Reputation with Brand, MIT Sloan Management Review（https://madstrat.com/wp-content/uploads/2017/10/T2-SMR-BrandReputation.pdf）

Simon Cole,（2013），"The Impact of Reputation on Stock Market Value", World Economic Journal, The Impact of Reputation on Stock Market Value（world-economics-journal.com）

The World's Most Valuable Brands（Forbes）, https://www.forbes.com/the-worlds-most-valuable-brands/#6e6e93c5119c

World's Most Admired Companies（Fortune, Korn Ferry）, https://fortune.com/ranking/worlds-most-admired-companies/

日本経済新聞出版／伊藤邦雄 著「企業価値経営」

経済産業省　企業法制研究会（2002）「ブランド価値評価研究会報告書」 （https://www.fbc.keio.ac.jp/~dokamoto/brand.pdf）

Hong, H. and Kacperczyk, M.（2009）. The price of sin : The effects of social norms on markets. *Journal of Financial Economics*,93(1):15-36.

Borgers, A., Derwall, J., Koedijk, K., and ter Horst, J.（2015）. Do social factors influence investment behavior and performance？ Evidence from mutual fund holdings. *Journal of Banking and Finance*,60:112-126.

Gibson Brandon, R. and Kruger, P.（2018）. The sustainability foot print of institutional investors. European Corporate Governance Institute – Finance Working Paper No.571/2018.

Okimoto, T. and Takaoka, S.（2021）. Sustainability and credit spreads in Japan. *RIETI Discussion Paper*, 21-E-052.

〈著者略歴〉
【執筆者代表】
森　滋彦
有限責任監査法人トーマツ　リスクアドバイザリー事業本部　マネージングディレクター
大手都市銀行グループのリスク統括部署で，RAFやストレステストの高度化を推進。同グループで2002年以降，リスク管理に主に従事し，ロンドン支店，東京本部で，信用リスク，市場・流動性リスク，オペレーショナル・リスクと幅広くリスク管理に携わった。現在は，主要金融機関に対するリスク管理に係るコンサルティング業務に従事。
主な著書に，『リスクマネジメント 変化をとらえよ』（日経BP，2022年，共同執筆）『非財務リスク管理の実務―リスク管理の「質」を高める』（金融財政事情研究会，2020年，共同執筆），『気候変動時代の「経営管理」と「開示」』（中央経済社，2022年，共同執筆）がある。

【執筆者】
永井　希依彦
有限責任監査法人トーマツ　リスクアドバイザリー事業本部　マネージングディレクター
海外での研究活動・大手重工業を経て，デロイト トーマツ コンサルティング入社。事業戦略・市場性評価・マーケティングに係るコンサルティングプロジェクトに携わった。その後，製造企業立上に参画。立上～運営まで執行役員として主導。
現在は，有限責任監査法人トーマツにてファイナンスとインダストリーノウハウの相互融合をテーマにサービス開発と提供を推進。企業のESG活動・技術力・人材力などの非財務項目の定量評価・戦略立案・経営管理高度化に係るプロジェクト多数。主著に『リスクマネジメント 変化をとらえよ』（日経BP，2022年，共同執筆），『気候変動時代の「経営管理」と「開示」』（中央経済社，2022年，共同執筆），『宇宙旅行入門』（東京大学出版会，2018年，共同執筆）等。（一社）宇宙旅客輸送推進協議会理事。

熊谷　敏一
有限責任監査法人トーマツ　リスクアドバイザリー事業本部　シニアマネジャー
財務省入省後，地方財務局にて金融機関の検査・監督業務に従事。内閣府出向中には，金融市場の動向に関する分析や，月例経済報告・経済財政白書の作成に携わる。その後，金融庁に出向し，中小企業向けや被災地における貸出動向調査を中心とした金融機関監督業務や，国際的な経済・金融市場の調査・分析を担当。現在は，非財務リスク管理高度化，リスクアペタイト・フレームワーク構築，ストレステスト高度化などのアドバイザリー業務に従事。

中村　大輔

有限責任監査法人トーマツ　リスクアドバイザリー事業本部　シニアスタッフ

大手金融機関グループのリスク統括部でリスクアペタイト・フレームワーク，事業継続管理およびオペレーショナル・リスク管理を担当。トップリスク管理の導入，危機管理体制の構築，AMAシナリオ分析を担当。非財務リスク，気候変動関連業務に従事。

富澤　慶太

有限責任監査法人トーマツ　リスクアドバイザリー事業本部　スタッフ

2021年4月に有限責任監査法人トーマツのリスクアドバイザリー事業本部に入社し，IFRS導入支援業務などに従事。同法人の金融インダストリーに異動後は，メガバンクのレピュテーショナル・リスク管理高度化プロジェクトの主要メンバーとなる。現在は，ESG評価機関対応等に係る支援など，非財務リスク管理に係るアドバイザリー業務に従事。

高坂　玲

有限責任監査法人トーマツ　リスクアドバイザリー事業本部　スタッフ

2021年4月に有限責任監査法人トーマツのリスクアドバイザリー事業本部に入社し，主に国内金融機関へのアドバイザリー業務を担当。TCFD開示や有価証券報告書開示にかかる助言やGHG排出量計測，ESG評価スコアアップ，リスクアペタイト・フレームワーク高度化，ストレステスト高度化にかかる助言業務に従事。

小林　万穂

有限責任監査法人トーマツ　リスクアドバイザリー事業本部　ジュニアスタッフ

大手金融機関グループのリスク統括部で，トップリスク管理，子会社リスク管理，危機管理体制整備，およびリスクカルチャーの醸成を担当。

新「レピュテーショナル・リスク」管理論
― SNS時代の情報の加速化・拡散にどう対応するか

2023年8月10日　第1版第1刷発行

著　者　有限責任監査法人
　　　　ト　ー　マ　ツ
執筆者代表　森　　滋　彦
発行者　山　本　　継
発行所　㈱中央経済社
発売元　㈱中央経済グループ
　　　　パブリッシング

〒101-0051　東京都千代田区神田神保町1-35
電話　03（3293）3371（編集代表）
　　　03（3293）3381（営業代表）
https://www.chuokeizai.co.jp
印刷／三英グラフィック・アーツ㈱
製本／侑井上製本所

© 2023. For information, contact Deloitte Touche
Tohmatsu LLC.
Printed in Japan